星が教える経営者の7つの心得

あなたが
決断に迷っているときに読む本

伊藤翠珠 著

セルバ出版

はじめに

あなたは、今、悩んでいらっしゃいますか？

安定した会社の業績、従業員との良好な関係性、ご自身の判断力と決断力、そして信頼できる相談相手など、あなたが求めていらっしゃるものは何でしょうか。

私は主に、九星気学《きゅうせいきがく》という手段を用いながら、経営者の方々の相談に乗り、アドバイスをする仕事をしています。

九星気学というのは、人間の運勢や性格、相性などを分析する占いですが、中国4000年の歴史の中で、帝王学ともいわれ、ときの権力者たちが、方位、時期、タイミングなどを見ながら戦略を立て、国を動かす決断をするときの参考にもしていたようです。それが今、広くビジネスにも応用されるようになり、ビジネスチャンスを掴むために、世の中の流れや会社の運気などを見る方法としても利用されています。

また、時期などを見るばかりではなく、ご自身がどのような星のもとに生まれ、どのような性質と役割を持ち、その結果、どのような社会貢献ができるのかといったことも知ることができますので、ご自身の進むべき道に迷うようなことがありましたら、道を示してくれる1つの手段として、参考にすることができます。

経営者にとって、ご自分を信じること、自信をもって経営方針を決めること、それが最も重要なことです。しかし誰しも、思い悩まれることがあるでしょう。そんなときに、九星気学を判断材料にしていただくといいと思います。孤独な経営者が、自信を持って進んでいくためには、ご自身の特質を知っておくことは強みとなります。

そして経営者にとって、次の４つのマインドを持つことが大切です。

①失敗を恐れないこと

新規開拓や新技術の導入に際し、失敗を恐れて最初の一歩が踏み出せないことは、会社の成長を阻むことにもなります。もちろん、何でもかんでもチャレンジしなければいけないわけではありません。見極めるということが重要です。

九星気学では、決断のタイミングを見極めることができます。ご自身の運勢やビジネスとの吉凶の相性を把握し、適切なタイミングでビジネスを展開していくことができます。

②ポジティブ思考でいくこと

ペンシルバニア大学のボルコヴェック氏らの研究によると、心配していることの79パーセントは実際には起こらず、残り21パーセントのうち16パーセントは事前の準備によって対応できるという結果が発表されているそうです。したがって、心配事が現実に起きる確率は5パーセントということになりますが、その5パーセントの中には、自分ではどうすることもできない地震などの災害も含まれているそうですから、心配事が本当に起こる確率は数パーセントということになります。

ほんの数パーセントならば、ポジティブ思考で簡単に乗り越えられますから、九星気学でご自身の強みや弱みを知っておくと、どうすればポジティブ思考を持つことができるのかわかります。

③大局を観ること

経営者に必要なのは、「虫の目」、「鳥の目」、「魚の目」の3つの目を持つことだといわれています。虫の目で、非常に小さな世界を見据えるミクロの視点を持つこと。大海を泳ぐ魚の目で、時代の潮流を見定める視点を持つこと。そして鳥の目で、高いところから俯瞰できる視点を持つこと。この3つが揃っていることで、大局を観ることができるのです。

九星気学では、ご自身の運勢だけではなく、顧客やビジネスパートナー、社員の運勢や性格なども知ることができますので、人間関係についての悩みを解消し、よりよいチームビルディングが行えます。時代の流れについても予測することができますので、大局を観ながらビジネスチャンスを掴まえることができます。

④勉強し続けること

経営者になった途端に、本を読まなくなったり、セミナーや講演会に参加しなくなったりすることがよくあります。もちろんそれは、日々の業務が忙しくなり、時間がなくなってしまうことが原因なのだと思いますが、経営者こそ、日々、勉強をすることが大切です。現状維持というのは、衰退と同じです。進化していくためには、インプットしたことをアウトプットし、また新しいことをインプットし、アウトプットするという習慣を身につけることが必要です。

九星気学では、ご自身に足りないもの、苦手なものを把握することができますから、どのような勉強方法がいいのかなど、アドバイスをすることができます。

このように、九星気学はビジネスにとって便利なツールでもあるのです。

会社というものは、経営者の分身のようなものですから、まずは経営者ご自身の心を整えること、そしてリラックスすること、それがとても大切です。

あなたがいま、何かに悩まれているのならば、本書を読むことで少しでもラクになり、私の言葉が何かのお役に立てればと思っています。

経営者が自信を持つことで、会社が発展し、その結果、社会全体が元気になり、世の中の人々が幸せに暮らせますよう、心から願っています。

2023年9月

伊藤　翠珠

星が教える経営者の7つの心得　あなたが決断に迷っているときに読む本　目次

第2章　成長と発展

第3章　時代の変化

第4章　成長戦略と人間力

第5章 人が辞めない会社にするには

第6章　帝王学の九星気学

第7章　経営は壮大な芸術

第1章　経営者こそ上を向いて歩こう！

1　どれだけ社員がいても経営者は孤独

経営者は、1人で違う場所に立っている

会社の業績が伸びない、社員が働いてくれない、意志の疎通ができないなど、経営者にはたくさんの悩みがあり、考えなければいけないことが山ほどあります。もちろん、会社の規模や社員の人数によって違いますが、社内外には毎日毎日違う状況が訪れますから、経営者というものは、日々、基本的には1人で舵を取っていかなければいけない立場にあります。

そして、社員の数が増えれば増えるほど、悩みが増えてくるのだろうと思います。松下幸之助さんは、社員が300人くらいのときが1番楽しかったとおっしゃっています。

社員が300人を超えると、社員たち1人ひとりの顔が見えなくなってきて、なかなか意志の疎通ができなくなり、会社の理念そのものを共有することも難しくなり、ますます孤独になるのかもしれません。

経営者の方々は、常に、1人で葛藤していることと思います。いうなれば、1人で違うところに立っているイメージです。それが孤独と隣り合わせであることは、誰もが知るところです。

経営者としては、社員に相談するわけにもいかないし、家族にも相談することはなかなかできません。もし経営コンサルタントがいたとしても、経営コンサルタントというのは、数字の動きにつ

いて見てはくれても、心の動きについてはあまり見てくれません。

「経営者というものは、崇高な生き物だから」と、孤独な状況に満足していたり、「孤独だから頑張れるんだ」という方はいいと思いますが、しかしどうしても孤独というのは、どこかで人の心をむしばんでしまうことがあります。

何でも話せる人、または場所を確保する

では、経営者の孤独の解消のためにはどうしたらいいのでしょう。

それは、外部に、何でも話せる友人のような相談役を置くことです。

経営者が悩んで下を向いていると、会社の業績も下を向いてしまいます。ですから、経営者の気持ちがいつも上を向いているためには、外部に何でも話せる相談役を置くことをおすすめしています。それが難しければ、ぜひ、ご自分がリラックスできる場所を持ってみてください。

その場所では、心を開いてなんでも話すことができる、極端にいえば、気負いなく泣くこともできるような場所。そこでは自分の心を解放することができて、どんな小さな悩みでも話すことができ、リラックスすることができる、そんな場所をお持ちになられるのが理想です。

それは何も、お金をかけて行くような特別な場所ではなくてもいいのです。例えば近所の小さなスナックや喫茶店などでもいいのです。ご自分にとって安心安全な場所があると、ホッと一息つけると思うのです。

会社の経営とは関係のないところで、ご自分の心を解放できると、結果、経営がうまくいくようにもなります。

経営者とは孤独なものだからと諦めずに、孤独を解消する努力をすることが大事だと思います。1人で悩んでいるよりも、経営には関係のないところにご自身の援軍を持つことで、安心し、リラックスして、よい仕事ができるのです。

日本では、外部に相談役を持っている経営者はまだ少ないですが、中国では多くの経営者が占い師をそばに置いています。欧米では、身近にカウンセラーを置いていることが多いです。九星気学では、いま行くといい方角（吉方位）を見ることもできますから、煮詰まったときなどに気分転換に訪れるといい場所をお教えすることもできます。

2　経営者に求められる決断力

決断の仕方は人それぞれ

大きい会社になると、社員が社長に何かを伝え忘れると、その空白の5分で、何百万、何千万、何億もの損失を生むといわれています。いくら優秀な社員がたくさんいても、最終的に会社の行き先を決めるのは経営者自身だからです。

例えば嵐に遭遇したとき、舵取りをする船長が右の道を選ぶのか、左の道を選ぶのかの判断で、その船の運命が変わってきます。その責任は重大ですから、迷うのは当たり前です。そんなとき、迷わずバーンと決断することが、仕事のできる経営者のように思われていますが、必ずしもそういうわけではありません。

人は、迷ったときに、同じ思考を辿るわけではありません。迷ったときこそ突き進むタイプ、迷ったときには立ち止まるタイプ、迷ったときには後戻りするタイプ、迷ったときは人に相談するタイプ、人には様々なタイプがありますから、唯一、どのタイプの経営者の考え方が正解だということはないのです。

どんな決断も間違いではない

嵐の海で舵を取るとき、まずしなくてはいけないことは、深呼吸です。それから、ご自分の経験と性格を鑑《かんが》み、突き進むか、止まるか、後退するか、決断すればいいのです。例え、その決断で損失が出たとしても、ご自身の判断は間違ってはいないのだということを知っておいてください。あなたの下す決断は、すべてはあなたの進化のために、あなた自身が下すのです。損失が出たら取り戻せばいいのです。もしかしたらその先で、もっと損失を被ることになったかもしれません。いま、あなたが下した決断は、すべてがよい方向へ行くための判断なのです。決断するにあたっては、失敗という概念はないのです。

どの道を選ぼうと、間違いではないということだけをしっかりと知っておくと、決断までのプロセスは問題ではありませんし、どの道も、あなたが選べばそれが正解なのです。

星で違う決断までの時間

九星気学では、人には９通りのタイプがあると考えます。迷ったときの決断の仕方は、それぞれの星によって違います。１番大事なのは、ご自分がどのタイプか知っておくことだと思います。

占いに頼るまでもなく、ご自身の考え方の傾向などを熟知されていると、迷いながらも決断できますが、どんなに成功されている方でも、やはり迷いはあるのです。ただ、ご自身の特質をわかっていらっしゃると、他の人と比べることがありませんので、同じ迷いでも、余計な迷いが加わることはありません。決断が遅かろうと早かろうと、それがご自身の特質だとわかったうえでの決断ですので、自信をもって決断することができます。

九星気学の観点からいうと、例えば、人から指示されるのを嫌うタイプの方は、人の助言など聞きませんが、それでいいのです。レストランに入ってもなかなかメニューを決められない方などは、迷いたいタイプの方ですから、どんどん迷ってくださいと助言しています。

最善の決断をしたつもりでも、そのあとずっと迷っているタイプの方もいます。それから、さんざん迷った挙句、腹を決めたらドドーンと突き進むタイプの方、むやみやたらに決断を急ぎたがるタイプの方、頭の回転が速く、あっという間に決断されるタイプの方もいます。また、右や左に行こうがどうせゴールには着くのだから、まっすぐゆっくり行くのだというタイプの方もいます。

このように、決断力については、それぞれのタイプがありますので、誰も彼もが、素早い決断をしなければいけないというわけではないのです。

そして誰もが、ご自分の決断には自信を持っていただきたいと思います。決断の仕方は、人それぞれでいいのです。

3　いつも何かに追われている経営者

頭の中に、２人の自分がいる

仕事というのは、いつも１つのプロジェクトだけが動いているわけではありません。同時進行で行われているプロジェクトがいくつもあります。

１つのプロジェクトは始まったばかりで、別の１つはこれから始まるところ、そして別の１つはちょうどいい感じに動いているなど、常にいくつものプロジェクトが動いているので、経営者の頭の中が、いつもフラットな状態でいることは難しく、毎日何かに追われているような感じで過ごしている経営者の方も多いと思います。

そんな落ち着かない状況にいても、経営者には真面目な方が多いので、頑張っている方が多くいらっしゃいます。ああ、ちょっと疲れたなとは思ってはいても、「頑張れ、頑張れ」と、ご自分を鼓舞しながら頑張ってしまうのです。

ある経営者さんがおっしゃっていたのですが、ときどき、「たまには休もうよ」と思う自分が出てきても、「そんなことといっていたら売上が上がらないだろ」と、もう1人の自分が休もうとする自分を叱りはじめ、頭の中で2人の自分が葛藤することがあるそうです。経営者さんは、ほとほと参るとおっしゃっていました。ただでさえ考えることは山ほどあるのに、頭の中で2人の自分が葛藤するなんて、とても大変なことです。

リトリートメントする

こんな風に、何かに追われて落着かない状態になったときは、リトリートメントされることをおすすめしています。リトリートメントとは、簡単にいうと、休息を取るということですが、リトリートという言葉には、「隠居する」「撤退する」「後退する」「避難する」という意味があります。

何かに追われたときは、隠れ家に逃れてもいいのです。仕事場や自宅から離れた場所へ避難して、ご自身の心と身体を守ってください。後退することで、常に進み続けているより前進できることもあります。やらなければいけないことが山積みでも、1度立ち止まることにより、本当にやらなければいけないこと、本当はやらなくてもいいことなどが、はっきりと見えてきます。

何かに追われていると感じるときは、いったん撤退し、体制を立て直してください。忙しい日常から離れ、自分自身を内省する時間を持ち、自分を再生させてください。まずは、ご自分のリズムを取り戻すことが大切です。休息を取ったあとは、仕事の生産性も効率も上がりますし、違う場所や時間にご自分を置くことで、ご自身のことを客観視できるようになります。そうなれば、しなければいけないことの優先順位もわかりますし、どうでもよいことは選択肢から消えていきます。小さなことでくよくよ悩まないようになるかもしれません。

後退することは、負けではありません。戦術を立て直すということです。

勇気を出して、少し休んでみてください。

スケジュール帳を整理する

やらなければならないたくさんのことをスケジュール帳に書き込むときには、仕事がたくさんあることがはじめは嬉しくても、書き込めないくらいに予定が詰まってくると、息も詰まってきます。

パソコンやスマホでスケジュール帳を管理している方もいらっしゃると思いますが、とりあえずスケジュール表に、休みの時間も書き入れてみてください。

「休み」と書きたくないときは、「リトリートメント」と書かれるといいと思います。仕事と休みがバランスよく配置されているスケジュール表を眺めていると、心身が落ち着いてきます。書き込む際には、できるだけきれいな字で書いて、まずはスケジュール帳を整理整頓してみてください。

ご自分の予定を、きれいに「見える化」するだけで、案外気持ちが落ち着いてくることもあります。休みの時間が入っていると、楽しみのために頑張れますし、頭の中も整理整頓され、少しラクになるかもしれません。

4　今度は誰が辞めるのか、不安で眠れない！

ブレない会社の理念を伝える

経営者が目をかけ、天塩《てしお》にかけて育ててきた社員が、やっと一人前に育ったと思ったときに、あっさりと会社を辞められてしまうことがよくあります。これは本当にきついことです。

いまは、雇われる立場の人にとっては、1つの会社にずっといるよりも、何社もの会社で経験を積んだほうが、キャリアのある人と見なされて優遇される時代ですから、優秀な人材ほど、他へ移ってしまう可能性が高いのです。

経営者にとっては、優秀な人材にこそ、ずっといてほしいと思うものですが、雇う人と雇われる人の意識のギャップは、いま、埋められないほど開いてきています。では、どうすれば社員が辞めない会社にできるのでしょう。

それにはまず、社員に対し、ご自身の会社の理念をきちんと伝えることが重要です。なぜこの会社をつくったのか、なぜこの商品をつくっているのか、この仕事をすることでどんな社会貢献ができるのかなど、ご自身が会社を立ち上げたときの気持ちを、その理念を、社員にきちんと説明してください。うまくいっている会社、社員が辞めない会社ほど、その理念が社員全員に共有されているものです。

理念は飾り物ではない

例えば理念を社訓として掲げていても、社員に聞いてみると、「事務所の壁に掛かってたけど何だっけ」「そういえば何かあったような」というくらいの認識しかないことがあります。

そんな会社の社員は、「ああ早く仕事終わらないかな」「あ、もうすぐ定時の6時だ」などと、早く仕事を終わらせるにはどうしたらいいかということにしか時間を使わないようになってしまいます。そうやって、サボることしか考えないような社員が増えると、社内全体の士気も下がり、社員は辞めていくものです。

会社の理念とは、ただ額縁に入れて壁に飾っておけばいいものではなく、常々、社長自らが公言し、実践し、社員全員で共有することが必要です。全員で一緒に何かを成し遂げるというビジョンを持てれば、社員が辞めない会社になっていくのです。

社員は適材適所に

それから、九星気学の観点からいいますと、先ほども述べましたように、1人ひとりの星によって特質がありますから、人それぞれに向き不向きがあります。こつこつと1人で仕事をするのが向いている星の人に、接客を任せてもうまくいきません。逆に、人と話すのが好きで社交的な星の人が、人と会うことのない部署にいても、個性が発揮されないまま辞めていくかもしれません。

1人ひとりが、本人に合っている部署で働けるように配慮することで、会社の生産性も上がりますから、社員が正しい部署にいるかどうか、見極めてみることも必要です。

5　本業よりもフォローに忙しい経営者

まずは自分の人間性を高める

経営者として理想的なのは、自身の右腕になる人がいること、自分がいなくても会社が回るような仕組みをつくり上げることです。社員たちが、社長が不在でも、やる気をもって仕事をしてくれれば、社長は安心して新しいことに目を向けられます。

しかしそれは、なかなか難しいことです。経営者としては、社員に自発的に仕事を提案してほしいと思い、指示をしなくてもやってくれるような気の利き方を期待しますが、その期待は裏切られることのほうが多いのです。社員1人ひとりに期待をして、1人ひとりに心を砕いているようでは、あまりに多くの時間と気持ちを取られてしまい、ただでさえ忙しい仕事が、ますます忙しくなってしまいます。

このように、自分の仕事よりも、社員にかける時間が多くなってしまっているのは、実は、経営者自身の仕事の姿勢に問題があることがあります。

それは、子育てと同じで、親が本を読まないのに、子どもに本を読めといっていると同じことです。本を読む子どもになってほしいのならば、親がまず本を読まなければいけないように、経営者が社員に自発的に仕事をしてほしいと思うならば、経営者自らが、日々学び、進化していかなければいけません。

経営者だからといって、社長の地位に甘んじて進歩することを怠っていたならば、社員も進歩しないのです。まずは、社長自身が、勉強することから始めてください。社員たちにああしろこうしろといっている時間を、自分の勉強の時間にあててください。

世の中を見回すと、勉強会や研修や経営塾など、経営者が学ぶための場所はたくさんあります。そこへ行き、学び、横のつながりを得て、わからないことをわかろうとする姿勢が社員に伝われば、社員も勉強しようという気持ちになることでしょう。

しっかりとした土台をつくる

経営者が社員のフォローに忙しく、本業に専念できていないのだとしたら、土台を見直したほうがいいという場合もあります。この場合の土台とは、ビジョンのことです。

会社が伸びていくためには、しっかりとしたビジョンを持つことが大切です。会社設立のときにつくった事業計画書というのは、家を建てるときに描く設計図にあたります。どのような工程を辿り、どこへ向かっていきたいのか、ゴールまでの道のりを明確にし、そこから逆算して、今やるべきことをやるための設計図が事業計画書です。

そして、この設計図にたくさん夢を盛り込んだとしても、土台がしっかりしていないと、やがて家は壊れてしまいます。1番大事なのは、土台なのです。家の土台にあたるのが、社長の信念であり、ビジョンです。建物の基礎となる土台がしっかりしていれば、強い風が吹いても倒れませんし、例え外壁が剥がれようと、全壊することはありません。

社長の信念が頑丈な土台となっていれば、経営者という大黒柱を中心に、社員たちがよい建材となって、素晴らしい家が建っていくのです。どれだけの夢が詰まった家を建てることができるのか、それは土台次第です。ご自分の信念（ビジョン）が、ブレずにしっかりとしているか、いま1度見つめ直してみてください。

6　この決断はよかったのかと迷ったときの解決方法

選んだ道は、すべてが正解

人は決断に迷ったとき、自身の得意パターンや成功パターンを鑑みながら、選択肢の中から道を選ぶことがほとんどです。

そしてその際、どの道を選ぶのか、それぞれにかかる経費、人材、時間などを書き出して、こっちを選ぶとこうなる、そっちを選ぶとこうなるなどとシミュレーションをして、「よし！」と、1つの道を選びます。

私がよく経営者さんから相談を受けるのは、あっちの道を選んだほうがよかったのではないだろうかということです。人はどうしても、選ばなかった道のことが気になってしまうのです。

私は経営コンサルタントではありませんので、基本的に会社の業績のことについては口をお出ししません。私が見るのは、経営者さんの運勢や心ですから、経営者さんが、決断したあとに悩まれている場合には、いつもこういっています。

「すべてが、よいほうにいくように、なっているんですよ」

どの道を選んでも、選んだ人にとっては、選んだ道が正解なのです。選ばなかった道は、その人の道ではないのですから、選ばなかった道のことを気にされることはないのです。

受け入れる覚悟を持てるか持てないか

そうはいっても、業績の面だけ見ると、もしかしたら違う道を選んだほうが、会社は儲かったかもしれません。それに、その道を選んだことで、困難が待ち受けているかもしれません。

しかし、その道を選んだことによって、ご自身に困難を乗り越える力が身についたり、社員一丸となって困難に立ち向かったり、その道を進むことで、人も会社も成長できますから、選択した道を通るのは、経営者ご自身や会社にとって、よりよき道なのです。

Aを選べば、Bは体験できません。それでもAを選ぶ覚悟があるかどうか、Bを体験できないことを受け入れる覚悟があるか、それが大事なのです。

そして、会社も人生も最後の最後まで結果はわからないのです。

直観力を信じる

第三者から見ると、どちらを選んでも同じだと思えることもあります。しかし、選ぶということは、選んだ道を「受け入れる覚悟」ですから、その覚悟ができるのかどうか、それが、目の前に道がいくつもある理由なのだと思います。

その道を選び、例え試練が訪れても、それは将来的に見ると、必要な試練でありよい経験になりますから、目の前に困難が訪れたからといって、選択を間違えたと嘆かずに、その選択はすべて自分にとって正しいものであるのだと思ってください。

そして迷ったときに、細かい数字まで出して比較検討したとしても、どちらかに決められない場合には、ちょっとでも「こっちかな」と思われる気持ちがありましたら、表面上の損得だけではなく、その道を選ばれるといいと思います。直観力が、あなたの心の成長のために、ひいては会社の成長のために、道を教えてくれることがあります。選択の機会は、あなたの成長のために訪れるのです。どの道を選んでも間違いではないのです。

あなたの決断は決して間違ってはいませんから、選ばれた道を、一生懸命に進まれてください。

7　誰にも相談できないときの4つの解決方法

悩み事があっても、誰にも相談したくないという場合、次のような解決方法があります。

①瞑想

まずはすぐにできる解決方法として、瞑想があります。

「悩んだときは瞑想してください」というと、瞑想する時間なんかないとおっしゃる方が多いのですが、瞑想というのは、何もお寺に行って座禅をするということではありません。それにお寺での座禅というのは案外難しく、よほどの修行を積まれないと、座禅をすればするほど、頭の中が雑念だらけになってしまいます。

そこで私がおすすめしている瞑想法は、「歩く」ことです。

日本人にとって、瞑想とは座ってするイメージのようですが、ヨーロッパの人たちにとっては、歩きながら瞑想をするというのは、わりとポピュラーな瞑想法のようです。

歩きながら頭の中の整理をしている方はよくいらっしゃいます。それが瞑想だとは思っていなくても、歩くことで無意識になれるので、実は歩くことはとてもいい瞑想法なのです。大地の上を歩くことで、大地からいいエネルギーを受け取ることもできますから、ゆっくりと呼吸をしながら歩いていると、気功をしているような、健康によい効果も得られます。

②紙にペンで書く

どんなに便利な文明の利器ができても、実は紙とペンというのが最高のアイテムなのです。

いやいやパソコンでマインドマップをつくっているよという方もいらっしゃるかもしれません

が、手を使ってペンで紙に書き出すという行為は、「書く瞑想」ともいわれていて、不安感を鎮める効果があるそうです。

若いＩＴ系の経営者さんたちの中でも、「紙に書く派」の方は案外多いのです。書くことで気持ちが鎮まり、静かに内省することができ、思考が整理されるから、ときにはデジタル絶ちをして、紙とペンだけで過ごすこともあるそうです。

そして私のおすすめは、黒のペンだけではなく、たまには違う色のペンを使って書くことです。ご自分の字で書き出したご自分の思考が、いつもとは違う景色に見えて、ハッとするほど新鮮な気持ちになることがあります。そうやってご自分の悩みなどを見つめると、いつもとは違う視点から、解決方法が見えてくるかもしれません。

③コーチング

近年、ビジネスシーンでは、コーチングというのがメジャーになってきましたが、コーチの語源をご存知でしょうか。

コーチというのは「馬車」という意味です。人を目的地まで運んでくれる馬車がコーチの語源なのです。

目的地へ導いてくれる馬車に乗って進んでいくというイメージを持たれるといいと思います。

コーチングにはさまざまな手法がありますので、ご自分に合いそうなコーチを見つけ、問題解決の糸口がある出口まで、コーチの技術を借りて導いてもらうのも1つの手段です。

④占い

占いなんて、恋愛に悩んでいる女性がやることだと思われていませんか。いえいえ、古今東西、ときの権力者から大企業の経営者まで、お抱え占い師を持っている方は大勢いらっしゃいます。

一言で占いといっても、占いにはさまざまな種類があります。

四柱推命《しちゅうすいめい》や算命学《さんめいがく》、九星気学や占星術など、主に生年月日から個人の特質、運命を読み、時機やタイミングなどを見る「命術《めいじゅつ》」。タロットカードや筮竹《ぜいちく》やサイコロなどを使って、右へ行けばいいか左へいけばいいかを占う「卜術《ぼくじゅつ》」。手相や人相や家相など、形のあるものから運命を判断する「相術《そうじゅつ》」。

ご自身がピンとくる占いがあるようでしたら、占いに行ってみて、今、置かれている状況を知り、どのように進めばいいのか、アドバイスをもらうのも1つの方法です。

8　部下がついてこない不安は、7秒で解決する

まずは言葉にしてみる

不安になるということは、謙虚さの表れでもありますから、不安になるという時点で、あなたは

素晴らしい人なのです。そのことに気づいてください。ワンマンな社長ならば、部下がついてこなくても気にしません。

不安になったときは、まずはこういってみてください。

「大丈夫、私はちゃんとやっている、会社はいい方向へ向かっている」

ゆっくりと唱えて7秒です。

そして、本当にちゃんとやっているだろうかと、冷静に自分自身の行いを振り返ってみてください。自分は、朝と夕に全然違ったことをいって社員に迷惑をかけているのではないだろうか、自分は社員のことを本当にわかろうとしているのだろうか、社員を大事にしているだろうか。

それから、会社の設立時に決めた理念を思い出してください。社訓として、それが社員たちにも浸透しているか、ご自身も常に意識できているか、ご自身の土台や、描いていたビジョンがブレていないか、いま一度、原点に立ち返ってみてください。そうやって自分と向き合うことができれば、あなたは大丈夫です。

理念でつながる

もし、仕事の目標を達成したときに、部下との一体感がなく、満足感が得られていないとしたら、基本がブレているのかもしれません。努力する方向が間違っているのかもしれません。それで社員がついてこないのかもしれません。基本を見直す必要があります。

社員がついてこないのは、先頭をいく経営者の考えがブレている、または間違っている、もしくは会社全体で、理念やビジョンの共有がなされていないのかもしれません。いわなくてもわかるだろうという時代はとうに過ぎているので、古いタイプの経営者さんの場合ですと、コミュニケーション不足もあるかもしれません。

そのような場合は、社員を家族のように思ってみてください。家族間のコミュニケーションが不足すると、お父さんは孤立してしまいます。仕事さえしていればいいという時代は終わっています。家族を大事にする経営者の会社は伸びていきますから、血のつながった家族ではなくとも、理念でつながった家族（社員）を大切にしてください。

そして社員を褒め、認めてください。1人ひとりを見て、口に出して応援してください。社員は、あなたがどこを見ているのか、誰を見ているのか、ちゃんと見ています。親が子を無条件に愛するように、社員を大切にすることができれば、社員は必ずついてきます。

9　経営者が孤独を解決する3つの方法

これは経営者に限らず、誰にでも当てはまる方法ですが、経営者の場合、これらは少し難しいかもしれません。

しかしだからこそ、ぜひ実践してみてください。

①人に甘える

経営者たるもの、そうそう人に甘えることはできません。孤独感を抱えている方の多くが、甘えるのが苦手という方が多いようです。

人はそれぞれ、どのような境遇で生まれ、どのような子ども時代を過ごし、どのような人と出会ってきたかで、ある程度の価値観が定まりますが、生まれ育ちや環境が同じでも、兄弟によって思考の仕方が違うように、人にはそれぞれ、生まれ持った特性というものがあります。

九星気学でいうと、生まれ持った星です。甘え上手な星の人もいれば、プライドが邪魔して人に甘えることができない星の人、我慢強い星の人、1人で何とかしようと思う星の人などがいて、一言で「人に甘えましょう」といっても、誰も彼もがすぐに甘えられるわけではありません。

しかし、どんな特性を持っていたとしても、持って生まれた特性に、人生経験からくる価値観の変化をプラスし、さらに人に甘えられるようになると、人はみな、生きやすい方向へと変わっていきます。経営者になって、孤独を感じているとしたら、それはご自身の価値観を変化させるチャンスでもあります。人に甘えるということは、人を信用するということでもありますから、ぜひ、信用できる人に甘え、ご自分の違う面を発見してみてください。

②人を許す（自分を許す）

孤独でいると、気持ちが頑《かたく》なになりがちです。

特に、たくさんの社員を抱えている経営者は、社員の雇用を守り、生活を守り、ご自身の家族も守らねばなりませんから、常に心が緊張状態にあるといっても過言ではないかしれません。そうなると、人を許すことが難しくなってきます。人を許すということは、気を許すということでもありますから、気を許すと緊張の糸が切れるような気がするのです。

社員が大きなミスをしたときには、ミスをしたことに対しては叱ってもいいですが、社員のことは許してください。もし取引先に裏切られたとしても、ああ、何か事情があったのだろうと、広い心で許してください。自分を傷つけてくる知人がいたら、その人は淋しいのかもしれないと、大きな心で許してください。

そして、以前に自分がしたことに罪悪感を抱いていたら、あのころの自分はそうすることしかできなかったのだと、自分自身を許してください。

人を、そして自分を許すことで、あなたは寛容な人になります。寛容になれば、頑なな気持ちもほぐれ、孤独感が薄れます。ぜひ、人を許せる大きな心の持ち主になってください。

③自分をさらけ出す

社長と呼ばれるようになって久しいと、いつの間にか、自分は社長であるという自負心から、自分の回りに大きな壁をつくってしまう人が多くいます。

それは当然のこととも言えます。あなたがいま、社長という立場にあるなら、何年前その地位に就いたか、思い出してみてください。

その年月だけ、社員、そして側近と呼んでいい役員にまで、何重にもなる壁をつくっているかもしれません。

会社を立ち上げ、日々闘っているので、当然かもしれません。

たった1人で経営判断をしなければならなかったときもあるでしょうし、間違えた決断で悩んだこともあるでしょう。

そして社員の裏切り、この場合の裏切りは、横領などの犯罪ではなくても、急な退職やヘッドハンティングによる転職まで、期待していた社員に裏切られる。そのたびに、知らず知らずに分厚い鎧を身にまとってしまうのでしょう。

鎧をつけていると、なかなか人は寄ってこないという悪循環に陥ります。

経営者が孤独であるというのは、この鎧が原因のことが多いのです。鎧のせいで強くなることもありますが、反面、人の言葉が届かず、跳ね返されて、大切な苦言なども、耳に入らなくなってしまいます。

ですから、ぜひ、知らないうちにつけてしまっているこの鎧を脱ぎ捨てて、自分をさらけ出す努力をしてみてください。

自分の弱いところも、ズルいところもすべて、ありのままの姿をさらけ出せる人が、本当に強い人なのです。

第2章　成長と発展

1　時代は変わり、絆を大切にする時代へ

3・11から

高度経済成長時代を経て、現在は、モノが溢れている時代になりました。何もなかったころには、何かをつくれば何でも売れていましたが、今はそうではありません。断捨離という言葉がすっかり定着しているくらい、人々はモノを所有しなくなってきました。

モノやお金だった時代から、人とのつながりを大事にする時代へと変わりました。敏感な人は、徐々にその変化に気づいていたのだろうと思いますが、多くの人がそれに気づくきっかけとなったのは、3・11の東日本大震災です。震災時に人々の心を救ったのは、人々の絆でした。

時代が変わったことを、あなたは肌で感じ取れているでしょうか。

ファンマーケティング

これからは、ダイレクトレスポンスの手法で、消費者に向けてゴリゴリにセールスをしていく時代ではありません。連日ニュースを賑わせているのは、行き過ぎたゴリゴリのセールスを行った結果、人の道を外れた詐欺的行為などをした企業の不祥事です。

これまでのように、ダイレクトレスポンスの手法で「どどーん」と広告を出し、買ってくれそう

な消費者へ向けてセールスしていく時代は終わり、これからはファンマーケティングの時代になるといわれています。まず、その商品のファンをつくり、ファンになった人が、それを広めていくのです。そしてそのファンにファンがつき、商品はますます売れていくのです。

苦手だからと、ネットの世界やＳＮＳを避けていると、その世界で何が行われているのか知ることができません。ＳＮＳの世界を覗いてみるとよくわかります。インフルエンサーと呼ばれる人たちが、ファンに向けて、これはいいよと呟《つぶや》くだけで、その商品が飛ぶように売れるのです。あのお店は素敵だったと呟くだけで、そのお店は大繁盛となるのです。目には見えない世界で、コミュニティーがたくさん生まれ、世界中のどこにいてもファン同士はつながっています。このようなファンマーケティングの手法は、これからどんどん広まっていくでしょう。

信用できる人を見つける

しかし、そこには1つの危惧があります。正しい情報だけが流れてくるというわけではないということです。流れてくる情報を精査し、正しい情報を選び取る知識と知恵が必要となります。その情報を流している人が、信用できる人なのか、詐欺を働こうとしている人なのか、しっかりと見極めなければなりません。

そこで大切になってくるのが、人との絆です。信頼できる人から信頼できる情報を得て、信用できる人からモノを買う、そんな時代になっているのです。信頼できる人だと思っていた人から裏切られるなどということもよくありますが、九星気学的に見ても、人を信用しやすい星の人、人をなかなか信用しない星の人など、さまざまなタイプの人がいますので、ご自分の傾向を経験から鑑みて、気をつけながら、信用できる人を見つけてください。

何年も会っていなくても、会うとホッとして安らげる人、厳しいことを忠告されても不思議とカチンとこない人、そんな人があなたにとって信用の置ける人です。

2 「風の時代」の流れをつかむには

風の時代とは

20世紀の終わりごろから、次の世紀は「風の時代」になると、主にスピリチュアルの世界が好きな人々の間で囁かれていました。風の時代だなんて、そんなふわふわした言葉を聞いても、普通に生きている人々にとっては、関係ないことだと思われていました。

しかし3・11以降、そして昨今のコロナの時代を経て、人々の意識が変わってきました。コロナ禍ではテレワークが進み、どこに住んでいても仕事ができるということがわかり、年々増える自然災害の被害により、大切なのはモノよりも人の絆、目には見えないものなのだということがわかってきたのです。

「風の時代」というのは、簡単にいうと、モノや土地を所有せず、風のように住むところを変え、軽やかに生きていく時代のことをいいます。これまでは200年ほど「土の時代」でしたから、モノや土地を所有することが大事で、土地の所有を争って戦争も起こるような時代でした。ちなみに、「土の時代」がはじまってから起きたのが産業革命です。

いま、時代に敏感な大企業の経営者などは、スピリチュアルの世界について勉強している人が多いのですが、実は私はあまりその世界については詳しくありません。ただ、九星気学の専門家として観ても、これからの時代は、これまでの価値観で生きていくには厳しいだろうなあと思っています。

「個」の時代

そんな時代にどのような会社経営をすればいいのか、風の時代だからといって、ふらふらと遊んでいるわけにはいきません。これまでと同じような経営方針でいても、あきらかに時代が変わり、消費者の意識も変わっていますから、これまでのような経営方針では会社が立ちゆかなくなる恐れがあります。

まず経営者は、時代が変わったことを認識しなければいけません。これまでと同じようなやり方ではモノが売れないこと、求められるモノが変化していることに気づかなければなりません。これまでのように、頭だけで考えていてはいけないのです。五感をフルに使い、さらには第六感までも動員して、時代の流れについていかなければいけません。

そのためには、柔軟な思考を持つことが求められるでしょう。若い人にも助言を求めることができるような、器の大きさが必要になります。風の時代は、「個」の時代ともいわれていますから、個人個人の意識の改革が必要にもなるのです。1人ひとりの自分らしさというものが大切にされるので、1つの価値観だけが正しいという時代ではなくなるのです。

特に若い人は、生まれながらに進化していますから、これまでのように若いからまだダメだというような見方は捨てて、若い人に学ぶような姿勢が必要となります。大人になってからコンピュータに触った世代と、生まれてすぐにスマホを触っている人たちとでは、世の中を見る目も感覚も全く違いますから、時代が変化するときは、変化の中で生まれた人たちに学ぶ姿勢が大事です。

3　会社は収益を上げ続けなければいけないのか

利益より、個々の幸せを追求

会社を経営するということは、大前提として、利益を上げ続けなければならないという固定観念があります。そして少し前までは、雇われる人間としては大企業に就職して、一生そこで働くというのが、勝ち負けでいうところの勝ち組だという時代でした。いまは、どうでしょう。

会社の収益を上げ続けることは、下げるよりはいいと思いますが、価値観が、モノやお金よりも「個」になったいま、会社としての利益よりも優先させたほうがいいのは、社員1人ひとりの幸せなのかもしれません。ある若い経営者さんが、こんなことをいっていました。

「僕の会社はシステムがとても上手くいっていて、どんどん収益が上がるような仕組みができました。でも、うまくいけばいくほど、僕も、僕の会社の社員も、忙しく働かなければいけなくなってきたんです。そこで僕はじっくりと考えました。こんなに稼ぐことに意味があるのかと。そして、何か違うなあと思ったんです。だから僕は、僕と社員たちが生きていくうえで必要な最低限の利益だけを上げることを目標にして、多くの取引先を他の会社へ回し、会社をスリムにしました。会社としての収益は下がりましたが、その代わり、僕たちはゆっくりすることができています。僕も社員たちも、会社へは週の半分くらい出ていますが、あとはのんびり家族と過ごせるようになり、長い旅行へも行けますし、いまはとても幸せです」。

収益を減らしてまでも、個々の幸せを追求している若い経営者の姿を見て、これこそ風の時代の生き方なのかと、私はとても感心しました。

「個」にフォーカス

しかし、彼の経営方針を、みなさんが目指したほうがいいといっているわけではありません。それこそ、個々の自由です。もちろん、目先の儲けに走りたい人は走っていいと思いますし、新しいことにチャレンジして利益を生みたいと考える人は、いまの時代に合ったビジネスに転換していけばいいのです。これからは、「絆」や「個」の時代ですから、それに関連したビジネスを展開していくといいと思います。

「人間性」にフォーカス

そして、これまでは、いかによいモノをつくるかということにフォーカスしていた会社でも、これからは人の絆、すなわちファンマーケットにフォーカスしていくことになるでしょう。マーケティングの本質を、「売ってなんぼ」「儲かってなんぼ」の精神で捉えている方も多いと思いますが、マーケティングの方向が、「たくさんモノを売るために」から、「誰からモノを買うか」に変わっていくのです。

このように、経済が「モノ」から「人」へフォーカスしてゆく時代になると、いいモノさえつくっていればいいという「モノ第一主義」は終わり、1人ひとりの人間性が問われる「人間性第一主義」になるのです。モノはいいけれど、売っている人や会社に問題があるとなると、いいモノも売れなくなってしまいます。

会社の収益のことを考えるにあたっても、これまではがむしゃらに働いて、夜中までも休日までも働いていたことがおかしなことだと捉えられ、そんなことをしなくても利益を生むような会社へとシフトしていくのだろうと思います。さらには、利益がそんなに大事だろうかという価値観も生まれ、前述の若い経営者さんのように、ある程度あればいいという考えが主流になるかもしれません。

4　令和の時代の経営観・人生観

社員第一主義

令和の時代の経営観は、昭和や平成の時代と様変わりしています。前述の若い経営者さんの経営観や人生観は、悠々自適な、セミリタイアした経営者の感覚にも似ています。

イスラエルにある「キブツ」というコミューン（生活共同体）では、1世紀以上も前から、人々は主に物々交換で暮らしているそうです。生活をする上で、農作物もすべて平等に分配し、洗濯物も全員の分を一緒に洗い、その際、洗うのが好きな人は洗う係を担当し、畳むのが好きな人は畳む係になり、料理をつくるのが好きな人は料理係となり、各々が好きなことをして暮らしているそうです。

私は、「キブツ」の話を知ったときに、収入も貯金も必要のないコミューンが、いま同じ地球上に存在していることに驚きましたが、賛否両論はあるにしろ、これからは、そのコミューンに近い経営観が、世界の中心になってくるのではないかと思いました。

キブツの例が極端すぎるので、ピンとこないかもしれませんが、例えば企業の中で、この仕事が好き、あの仕事が好きというように、それぞれの職種に向いている人、その職種が好きな人たちによってチームが編成されると、作業効率も上がり、個々の満足感も上がります。これまでのようにトップダウンのやり方では、向き不向きに関係なく人事を配置してきたところがありますから、いつも誰かがストレスを抱えることとなり、経営者の悩みも増えるばかりでした。

そしてこれまでの経営観では、まずは「顧客第一」でしたが、これからは、「社員第一」になるのだろうと思っています。社員1人ひとりが幸せではないと、顧客も幸せにはなれないと、そんな理念を持たれている経営者が、これからの時代を生き抜いていくのではないかと思います。

もし顧客から社員に対してクレームがきても、社員が間違ったことをしていない場合、理不尽なクレームから社員をとことん守り抜くような、そんな経営者が増えると素晴らしいと思います。

家族第一主義

経営観というものは、ある意味、人生観と同じです。

昭和の時代に、家族のことを顧みず、モーレツに働いていたお父さんたちは、やがて家族に見放されることになりました。あの頃の会社員は、会社に命を捧げているようにも見えました。家族はとても寂しい思いをしていて、やがて父親をいないものとして扱うようになりました。

しかしそんな時代は遠くになり、特にいまの若い人たちは、仕事をする上で、まず家族のことを第一に考えています。独身の人も増えましたが、独身の人は、友人と過ごす時間や自分の時間を大切に考えています。家族のいる人もいない人も、自分の時間を仕事に奪われることを嫌います。

それは当然のことだと思います。これまで仕事のことを第一に生きてきた先輩たちが、ちっとも幸せに見えないからではないでしょうか。親が忙しく、淋しい子ども時代を過ごしてきたような人ならなおさら、自分は家族のことを第一に考えて生きていくと決めるのは、至極当然のことです。

形のあるものへの執着を捨てる

そんな生き方は、年配の人たちから見ると、なんという軟弱な生き方だろうと思われるかもしれません。男たるものまずは仕事だろうと思われるかもしれません。しかし時代は変わっているのです。

まずは自分が幸せになることでしか、人を幸せにすることはできないと、みんな気づいてきているのです。人を幸せにするために、まずは自分が幸せになるというのは、とても理にかなった考え方です。自分を犠牲にしてまでも人のために尽くすというのは、素晴らしく崇高なことですが、人間、なかなかその域まで達することはできません。

人の幸せ、会社の利益のために、自分を犠牲にしていると、そこには、ひずみが生まれ、恨みや妬みなど生まれてきます。心を病んでしまうこともあるでしょう。まずは自分が幸せになる。そして家族を幸せにする。そしてその先に、会社があるのです。社員が幸せではないと、顧客を幸せにはできないという構図になるのです。

これからの時代の人生観は、モノやお金より、個人の幸福追求が主流になるでしょう。モノやお金に執着される方もまだまだいらっしゃるとは思いますが、不思議なことに、執着すると、執着したモノや人は逃げていくという法則があります。執着を手放し、何ものからも自由になるというのが、これからの時代のテーマかもしれません。

5　事業計画と経営計画

「適材適所計画」

どんな時代になろうと、事業計画と経営計画を立てることは、会社経営の基本だと思います。今期はいくら、来期はいくらと利益目標を立て、それを羅針盤にして舵を切り、会社という船を操縦するのが経営者です。

融資先に提示するためにも、この2つの計画書は必要だと思いますが、私は、これにプラス「適材適所計画」なるものもつくってみてはいかがかと考えています。これはもちろん、融資先に提出するような書類ではありません。

私のように経営者さんの心の問題を担当しているものは、事業の数値目標や戦略目標などに関知はしませんが、目標達成のための時期やタイミングはアドバイスしています。それと同時に、社員1人ひとりの特質を見極める際の参考として、社員の星を観ることもあります。個人情報の問題がありますから、詳しくは観ませんが、これからはご本人の同意のもと、星を観ることができれば素晴らしいだろうなあと思っています。そうなると、社員同士でもお互いへの理解が深まりますし、適材適所への意見や提案も出てくるかもしれません。

風の時代になり、いままでのように数字だけを追いかけるだけの経営では、やがて限界がくるのだろうと思います。事業計画や経営計画と同じように、適材適所計画を社員と共有することができれば、よりよい職場環境づくりへの指針となり、社内の空気も変わってくるだろうと思います。

ずっと社員第一主義を標榜されてきた経営者さんは、社員1人ひとりの性格や内面をよく観察し、それぞれが満足できるような部署へ配置し、幸せな職場づくりを目指していらっしゃいます。そのような経営者さんの会社では、ほとんど社員が辞めませんし、常に業績も順調です。

視点の変換を

毎年、何百億もの利益を上げていらっしゃる経営者さんがいるのですが、その方はなんと、具体的な数値目標を1度も立てたことがないのです。それでも毎年、その方の会社の利益は上がっていくのです。その方は、目先の数字よりも、時機やタイミングや方位を見ることにこだわってらっしゃいました。常に、世の中の流れを見ているのです。近ごろは、若い経営者さんの中にも、事業計画や経営計画を立てないような方が増えてきましたから、本当に、時代が変わっているのだなあと感じます。

いま、中国の企業が、日本のあちらこちらに土地を買っていますが、そのような企業の経営者は、星を見る人を必ずつけていらっしゃいます。中国は何千年も前から占いの本場ですから、時機やタイミングの助言を受けて、方位を見てもらい、日本のよい土地を購入されているようです。

このように、星を使って長期的に見る視点が、日本の経営者には欠けているかもしれません。これは決して、私が自分を売り込んでいるのではありません。世界的に見て、中国の企業が躍進している陰には、４０００年の歴史を持つ命術があることを、頭の片隅に置いておいていただければと思うのです。

これからは、目先の利益を追求するだけの事業計画、経営計画だけではなく、時代が変わったことを踏まえ、少し目線を変え、新たな計画を立ててみる必要があるかもしれません。

6　本当の意味での社会貢献とは

目的は利益追求だけではない

どんな会社でも、社会貢献のことは考えてらっしゃると思います。資金的支援、人的支援、物的支援など、地域社会に対して、何らかのアクションをされていることと思います。

災害などが起きたときに、自社製品を無料で配ったり、社員をボランティアとして派遣したり、直接的に資金援助を行ったり、または、地域の学校や団体などに講師として社員を派遣したり、環境問題について考えるイベントを行ったりなど、企業がさまざまな活動をされている様子をニュースで観るたびに、ずいぶんと素晴らしい取り組みが増えたのだなあと感動しています。ひと昔前までは、税金をきちんと納めることだけが社会貢献だと考えられていたことを思うと、時代の進化を感じます。

ＣＳＲ（企業の社会的責任）という言葉もよく見るようになりました。企業の社会的責任とは、企業が利潤を追求するだけではなく、組織活動が社会へ与える影響に責任を持ち、あらゆる利害関係である従業員、顧客、株主、地域社会へ責任ある行動を取り、説明責任を果たしていくことを求める考え方だそうです。企業は、決して利益を求めているだけではないということを、活動から示していくということなのでしょう。

笑顔の社会貢献

ある女性の経営者さんが、飛行機に乗るときは、必ず同じ航空会社を使うのだとおっしゃっていました。その理由をお尋ねしたことがあります。

「その航空会社のクルーはね、みんなフレンドリーで優しくて、いつも私のことを特別扱いしてくれるんです。周りを見ていると、私にだけじゃないんですよ。誰の話も親身になって聞いているし、誰にでも飛びっきりの笑顔を見せています。私はあるとき急な事情があって、急いで飛行機に乗る必要があったんですが、乗りたかった飛行機が満席で困っていました。すると、地上クルーが全員で一丸となって、別の飛行機会社の便まで調べてくれて、私が一刻も早く目的地へ着くように手配をしてくれたんです。私はエコノミー席に座っているＶＩＰでもない普通の乗客です。でも、あの会社のクルーたちは、誰のことも差別せずに特別扱いをしてくれるんです。私はそれが嬉しくて、いつもその航空会社を選ぶんです。またあのクルーたちの笑顔を見たいと思うんです。飛行機に乗るたびに、私はとても幸せな気分になり、1週間くらいは幸せの余韻が続きます。すると私の周りの人たちにも幸せが伝染するようで、私の周りの人たちも笑顔になります。幸せというのは伝染するみたいだから、私は、クルーたち1人ひとりの笑顔が、まさに社会貢献なんだなあと思うんですよ」

その方が教えてくださったその航空会社を選ぶ理由は「笑顔」でした。

1人ひとりの社会貢献

実は私も、同じような経験をしたことがあります。確かにとても幸せな気持ちになりました。1度は経営破綻し、外部から経営者を招いた航空会社はいま、その外部からの経営者であった稲盛和夫氏の理念によって再生し、いまやクルーその1人ひとりにまで、理念が共有されているのだろうと思います。

稲盛さんが提唱した企業理念も素晴らしいのでしょうし、それを実践しているクルーたちも素晴らしいと思います。このように、理念が共有され、実践されているのを見ると、本当に、1人ひとりの社員が誰かを幸せにするということが、本当の意味での社会貢献になるのだなあと思います。

はじめに素晴らしい企業理念があり、それを共有して実践する個々の社員の行動が人々を笑顔にし、そして結局は、企業の利益にもなるという好循環です。これこそが、ファンマーケティングの神髄なのだと思います。

7　仕事の超基本

思いやりと歩み寄り

仕事の基本とはなんだと思われますか。

新入社員が入ってきたときに、まず教えるのは、電話の取り方から挨拶の仕方、名刺の出し方など、本当に基本の基本から教えると思います。いまの若い人は、生まれたときから携帯電話がありますから、誰から電話がかかってきたかということは携帯の画面を見ればわかります。ですから彼らは、いくら会社の固定電話にナンバーディスプレイがあるとはいっても、知らない相手からの電話に出ることに相当なプレッシャーがあるようです。

年配の方の中には、まだ頑なにスマートフォンを避けている方もいらっしゃいますが、そのような世代と、携帯電話しか知らない世代が一緒に働くのが会社です。

新入社員は、新人研修で、電話の取り方や対応など基本のマナーを学びますが、そのあといくら会社の先輩から丁寧に教えてもらったとしても、やはり数をこなさなければ、簡単には慣れるものではありません。

そんなときに、なかなか仕事のできない新人に対して、社員たちがどのような態度を取っているか、経営者はそれを見ていることが大事です。

世代間ギャップと、それぞれの価値観によるズレ。ズレが生じたときの対処の仕方。社員1人ひとりに、仕事の基本があり、それにズレがあっても当然なのですが、問題は、そのズレをどのように解消し、うまく連携していけるかということです。

会社の中で、世代間ギャップや、価値観によるズレを認識したときに、お互いに相手を認め、お互いを理解しようと歩み寄り、思いやりの気持ちを持って相手と向き合っていけるか、その態度が問われます。

それこそがまさに仕事の基本であり、経営者が社員の人間性を見る機会でもあります。

仕事の5S

挨拶がちゃんとできる、正しい言葉を使える、身だしなみを整える、報告・連絡・相談がきちんとできるなど、まずは社会人としてのマナーを身につけること、それがまずはじめの仕事の基本です。その先に、ビジネス文書の書き方やマナーを覚え、職場の人間関係を潤滑にできるかなど、新入社員には、徐々に身につけていかなければいけないタスクがあります。

「仕事の5S」という概念も、近ごろは広まっています。整理、整頓、清掃、清潔、躾。この5つにはもちろん、身の回りをきれいにしなさいという意味がありますが、仕事の内容を整理整頓し、いつもクリアな頭で、マナーを守って仕事に向き合うという意味もあります。無駄を避け、シンプルに身軽でいることで、仕事へのモチベーションが上がり、生産性が向上し、効率もよくなります。

これらの基本ができていれば、仕事以外の場面でも、家庭や友人との関係において、無駄な争いをなくすことができます。仕事の基本というのは、人間生活を送るうえでの基本と同じことなのです。

会社の中で、社員1人ひとりが人間性を高めることができれば、会社も発展し、社会貢献にまでつながります。ですから新入社員が入ってきて、仕事の基本を覚えようとするときには、経営者ご自身も一緒になって、基本ができているか確認作業をするといいと思います。

経営者ご自身が、基本を踏まえて仕事をすることができているか、きちんと社員と向き合えているか、ときどき基本を見直すのも一考です。

8　経営と人生哲学の真っ直ぐな関係

心を定める

あなたには人生哲学がありますか？

経営者に1番必要なものは、ぶれない信念です。人生観がぶれないことも求められますが、人は、さまざまな経験や困難を乗り越えたときに、人生観がガラリと変わってしまうことがあります。時代が変われば、時代の価値観も変わります。しかし、どんなに時代が変わっても、人生観が変わっても、大局的な観点からの信念、哲学というものは、ブレずに持っていていただきたいと思っています。

松下幸之助さんのモットーは、「たえず素直になるということを念頭に置き、それを口に出して唱える。心を正して、心を定める」でした。経営の神様と呼ばれている松下幸之助さんは、いまの時代を生きる経営者たちにとっても、たくさんの生き方のヒントを残してくれています。松下幸之助さんの言葉は、哲学者の言葉のようでもあり、「経営」と「生き方」は、真っ直ぐにつながっていることを教えてくれます。どんなに時代が変わっても、松下幸之助さんの数々の名言は色褪せません。それが信念、哲学というものだと思います。

思ったことは言葉にする

松下幸之助さんのモットーの中で、私が素晴らしいなあと思うのは、「唱える」という部分です。人が発する言葉は、骨伝導により、まず自分自身に届きます。それを「言霊《ことだま》」ともいいますが、言葉にするということは、それを現実にするための1番いい手段でもあるのです。

人にはさまざまな欲望や願望がありますから、それを素直に口に出されるといいと思います。素直にご自分の思考を言葉にしているうちに、それが利己的なものなのか、利他的なものなのか、周りの人たちの反応で、自然にわかってくると思います。それが利己的なものならば、心を正していけばいいのです。利他的なものであるならば、その目標を定めていけれぱ、いつか実現できると思います。

ライスワークからライフワークへ

ご自身の人生で、成し遂げたいものが何なのか、はっきりと見極められているならば、それがベストです。しかしなかなかわからないとおっしゃる方が多いのが現実です。

人はどうしても、目先の現実ばかりを見てしまいます。これまでの時代では、目の前のことに集中しなさいというのが親の教育であり、世間の常識だったからです。確かに、目の前のことを一生懸命にやることは大事です。しかし、その先に、うっすらとでもいいから行く道が見えているかどうか、それがもっと大切なことです。

親にいわれたから、世間様がいうからと、目の前のことだけを見ていては、日々の忙しさに追われ、仕事をこなすことだけで精一杯になり、「ライスワーカー」として生きていきがちです。ご飯を食べるために働くというのは、間違ったことではありませんが、これからの時代は、「ライフワーカー」となって生きていく方が、断然幸せに生きていけると思います。

経営者が人生哲学を持ち、率先してライフワーカーとなり、人生の目的を明確にし、それを社員にも提示して見せることで、社員の意識も変わってくると思います。ぜひ、人生哲学を経営に取り入れて、社員のお手本となってください。

9　人の成長が会社の発展

一歩ずつ進んでいく

いまは、時代が大きく変わっている最中です。

時代が大きく変わるときは、さまざまなモノや情報が溢れ、混迷します。そんな中、どうしたらいいか、時代についていけない、取り残される！　そんな不安に襲われることもありますが、わからないと思い不安になることは、悪いことではありません。それが普通の感覚なのです。わからないながら生きていく。それが正解です。

まずは、わからないことを、「わからない」と素直に認めること、それが成長への第一歩となります。わからないのに、知っているフリをして人に聞くことをしなかったり、そのままにしていては、次から次へと変わっていく時代の変化に対応できません。

例えば、最初からスマホを使っていれば、最新機器になればそのヴァージョンアップしたところだけを学べばついていけます。ワードやエクセル、オンラインのｚｏｏｍなども同じです。最初に取り組んでいれば、新機能だけ覚えていけばいいのに、だんだんと難しくなっていく機能についていけなくなってしまいます。

そのため、わかろうとしてさまざまな方向を見回すこと、それが第二歩目となります。二歩目が出れば、必然的に三歩目も出ます。経営者仲間、そして部下、ときには新入社員にも、わからないからと依怙地《いこじ》にならず、素直に聴くことが大事です。

そもそも人は、よほどの才能に恵まれている人以外、あれもこれもできないものですし、一歩一歩進んでいくしかないのです。

いつの間にか順応できる

携帯電話が出たばかりのころを思い出してください。肩からかけるショルダーバックのような大きさで、使い勝手は悪く値段も高いものを、誰が使うのだろうかと思っていたと思います。それが、進化をとげ、今やこんなに身近になり、こんなに小型になり、なくてはならないものとなっています。携帯電話が苦手だからと公衆電話で電話をしていた時代があっても、公衆電話が激減したいま、それに頼るのは不可能です。

いつの間にか、時代と自分が融合しているのです。

パソコンなんて使いこなせるわけがないと遠巻きに見ていた人も、人差し指一本で触ることからはじめ、だんだんとできるようになるのが面白くなり、いつの間にか使いこなせるようになったのではないでしょうか。わからないと思っていても、人はみな、諦めない限り、わかるようになるのです。

風の時代なんてわからないと思っていらっしゃるかもしれませんが、そのうちにわかるようになってくるから大丈夫です。もうダメだと諦めないでください。

風の流れに身を任せる

若いお坊さんが、比叡山へ修行に入ろうとするとき、比叡山のお坊さんたちは、その人の信念が固いものであるかどうか見極めるそうです。学力でもなく、体力でもなく、才能でもない、固い信念があるかどうか。それさえあれば、それで修行が成り立つそうです。

信念を持つことは本当に大切なのです。逆にいえば、信念さえあれば何とかなるということです。学びたいという信念さえあれば、わからないこともわかるようになってきます。

人が成長するためには、学ぼうとする意欲が大切です。この混迷の時代に、会社を発展させていくには、まず、経営者が学ばなければなりません。経営者が学び、成長することで、必然的に会社は発展します。

これは決して、修行僧のように、滝に打たれてくださいといっているわけではありません。

時代の風に耳を澄まし、時代の波に目を凝らし、経験から培ってしまったバイアスを取り払い、好き嫌いからくる偏見を捨て、素直な心でご自分と向き合ってみてください。大切な社員たちと向き合ってみてください。そうすることで、一歩一歩、新しい時代の流れへと入っていけると思います。下手に力を入れて抵抗するよりも、力んで頑張ってみるよりも、時代の風の流れに身を任せてみた方が、正しい場所へと辿り着けるものなのです。

第3章　時代の変化

1　時代の変化、意識の変化の速さを知る

いつのまにか置いてけぼりに

近ごろは、テレビのニュースが、ネットのニュースよりも一足遅れて流れています。そしてそのどちらもが、本当に信頼できる情報なのか、簡単にはわからない時代です。しかし確実にわかるのは、人々の意識が顕著に変わったことです。

例えば、ハラスメント。

いまやもうたくさんのハラスメントがあります。軽い気持ちで女子社員の肩を触ろうものなら、セクシャルハラスメント（セクハラ）。部下を厳しく叱ったら、パワーハラスメント（パワハラ）。お酒の席で部下にお酒をしつこくすすめたら、アルコールハラスメント（アルハラ）。カラオケの席で歌の苦手な部下にカラオケを歌ってくれといったらカラオケハラスメント（カラハラ）。仕事がまだ残っている従業員に対して早く帰るようすすめると、時短ハラスメント（ジタハラ）。上司に叱られた部下が、それはハラスメントだと執拗に抗議することを、ハラスメントハラスメント（ハラハラ）というそうです。

もう、気軽に社員や部下に話しかけられないのではないかと思えるほど、人々の意識が変わりました。

変化のスピードを認識する

それから、ちょっとそのやり方はどうなのかと疑問視されていた、あまり評判のよくなかった企業などが、内部告発などで悪事を暴かれ、次々に倒産したりしています。誰もが匿名で告発できるネットというツールを手に入れたことで、悪事が白日の下に晒されるのはいいことでもありますが、悪意を持った人が虚偽の情報を流すこともありますから、本当に気をつけて生きなければいけない時代になったともいえます。

時代の変化、意識の変化が、このところものすごい速さで進んでいるので、新しく生まれた言葉を覚えても、次の瞬間には、新しかったはずの言葉は古くなっていて、ついていくのが大変な方もいらっしゃると思います。

しかし、新しい言葉を覚えることは必要なことではないのです。ただ、変化が速いということだけを認識していれば大丈夫です。

情報は人から流れてくる

正しい情報をどのように精査して選り分けていくかということが、いまの時代の重要な課題です。流れてくる情報を、何でもかんでも鵜呑みにしていると、うっかり迷路に迷い込んでしまいますし、知らないうちに、おかしな思想に洗脳されてしまうなんて危険性もあります。

余談ですが、最近は本の価値が再認識されています。大量に配信されているＳＮＳの情報に信憑性がなく、せっかく得た情報でも意味がなかったり、時間の無駄になっているケースが増えているからです。そのため、出版社が認めた商業出版の情報が一番信頼できると評価されているのです。

膨大に流れてくる情報のいいとこどりをする方法としては、自分が信頼する人のコミュニティーに入ってみるという方法があります。ＳＮＳなどで、信頼している人たちとつながり、そこに流れている情報を見るとか、もしくは経営者同士のコミュニティーに入ったり、ビジネス塾のようなところに入ったり、探せばたくさんのコミュニティーが存在しています。

情報は人から流れてくるものですから、まずは信頼できる人を探すことからはじめてください。ネットニュースから流れてくる情報を精査する有料のサイトなどもありますから、ＳＮＳやネットなど、新しいものを敬遠せず、まず触れてみることが大切です。その時代に合ったことを、一歩踏み出してやってみるのです。

これからの時代は、コミュニティーというものが基本になります。同じような意識を持った世界中の人々とつながることができますから、あちこちの世界を覗き、ご自分に合った世界を見つけたならば、そこで横のつながりを大事にして、ご自分に必要な情報を選び取っていける感性を磨いてください。

情報化社会の中で重要なのは、「顔の見える人」が発信している情報です。匿名の情報ほど、フェイクである可能性が高いと気をつけながら、時代の流れの速さの中で、波にのまれてしまわないよう気をつけていてください。

2　先代の考え方は古いのか

代替わりの時代

いまはちょうど、高度経済成長期に会社を大きくした経営者が、こぞって二代目問題に悩まされている時期でもあります。創業者が引退の時期を迎え、その子息や縁故者が会社を継ぐような中で、時代の変化を敏感に感じ取った二代目社長が、先代のやり方は古いからと、社内に対立構造を生んでいることがよくあります。いまは時代の変換期ですから、その対立が顕著に表れてくるのは否めないことです。

若い人は、新しいことをしたいと思っていますし、親に反抗したい気持ちもあるでしょう。親は親で、ああしろ、こうしろと、これまで培ってきた古いやり方を押し付けがちです。これまで先代のやり方でうまくいっていたからといって、これからも同じやり方でやっていけばなんとかなるというわけではありませんが、先代の考え方が古いからといって、古いことが悪いことではないのです。

温故知新

「故《ふる》きを温《たず》ねて新しきを知れば以って師と成るべし」。大切なのは、「温故知新《おんこちしん》」の概念です。

まず二代目は、先代が、会社を一代で築き上げたという偉業に、尊敬の念を持つことが大切です。

国税庁の調査によると、10年続く会社は約6パーセント、さらに20年続く会社は約0・4％、それ以上続く会社は約0・025％しかないのです。

どんなに時代が変わっても、変わらないものがあるはずです。先代がつくり上げた組織構造のいいところを認め、学び、それを、新しい方向性へと転換していくときの指針とするといいと思います。先代が培ってきた経営ノウハウは、いまではもう古いノウハウかもしれませんが、先代の会社が、二代目に引き継がれるほど続いているという観点にフォーカスし、学ぶべきことを探すことが、円満な引き継ぎであり、安全に会社を存続させるベストな解決法だと思います。

新しい視点

ある二代目経営者さんは、先代が経営されていた町工場を引き継いだのですが、その若い経営者さんは、父親である先代をとにかく尊敬しておられました。小さいころから、お父さまが一生懸命働いている背中を見ていて、かっこいいと思っていたようです。いまでは、先代のころより工場を大きくし、若い従業員も増えています。

先日、先代社長とお会いする機会があったのですが、そのときに、先代社長はこうおっしゃっていました。

「いやあ、二代目は、僕らのころには考えられない方法で社員を募集したんですよ。彼は、工場のごっつい機械が動いている様子をＳＮＳとやらでいつも投稿してましてね、その映像に外国のしゃれた音楽をつけているんです。フォロワーっていうんですか？　それが結構な人数いまして、僕から見たらただの機械が回っているだけのつまらん映像なんですけど、何だかそれを見るのが好きな人もいるようですね。ですからそれを見て、工場で働きたいなんていってくる人もいるようで、そんな人たちが社員になってくれて、楽しく工場を回してるようなんですよ。汗まみれになって、機械油まみれになっていた僕らの時代からすると、工場がそんなにかっこいいものだなんて思ったことなかったですからね、いやあ、時代は変わったんですねえ」

私はそれを聞いて感動しました。先代社長の背中を見て育った二代目社長が、新しい視点から工場のファンを得て、引き継いだ工場を大きくしている。二代目社長の斬新なアイデアも素晴らしいですし、それを誇りに思っている先代社長も素晴らしいと思いました。このように引き継ぎがうまくいけば、誰もが幸せになるという好事例を見せていただきました。

3　先代社長と二代目社長の対立

親子関係のこじれ

また、ある経営者さんが、後継者である息子さんについて相談にこられたことがあります。息子さんは同業他社で修行を積んだ後、先代の会社を継ぐために先代の会社に入られて、それからしばらくしてからのことでした。

お2人は、一緒に働かれるようになってから、事あるごとにぶつかり、何をするにも意見が合わず、そのうち会社の雰囲気まで悪くなってしまったそうです。先代社長は、昭和の頑固親父のような面があり、ワンマンな経営をしてこられましたから、まず人に頭を下げることができませんし、素直に謝ることができません。息子さんに対する言葉はどうしても感情的になり、ストレートにきついことをいってしまうので、そのうち、息子さんは口をきかなくなってしまったそうです。

息子さんは、それまで一緒に暮らした家も出てしまい、会社には出てくるのですが、話をする機会はないといいます。先代社長は、「息子を変えてほしい」といって相談に来られたのです。

私は話を聞きながら、これは会社の経営の問題ではなく、親子関係の問題なのだと気づきました。ですから、どのような家族関係であったのか伺うことから始めました。すると、親である経営者さんは、息子さんが小さいときから育児は奥さんに任せきりで、運動会へも行かない、発表会へも行かない、子どものころから息子さんとはほとんど接点はなかったのだとおっしゃいました。

そのような親子関係ですと、大人になったからといって、必ずしも話をするようになるわけではありません。これまでも話し合ってこなかったわけですから、お互いの価値観についても理解し合えていません。結果的に親子関係がこじれ、会社がおかしくなっていったわけです。

同族意識からの脱却

親が子どもを変えたいと思っていても、簡単には変わりません。まあこれは、親子ではなくても同じなのですが、相手を変えたいと思ったら、まず自分が変わるしかないのです。先代社長にとって、自分の意識を変えるということは、相当な抵抗感がおありのようでした。

ちなみに星で観ましたところ、親子関係の相性はそんなに悪くなかったのですが、息子さんは、後継ぎに向いているような星ではなかったので、社員の中から、後継者に向いている人を探してみてはどうかともアドバイスしました。

まだ結論は出ていないようですが、同族意識からの脱却も、必要な意識改革なのだと思います。

一代で会社を築き上げて大きくした経営者は、どうしても血のつながった子孫に、会社や財産を残そうとします。それはある意味、当たり前の感覚でもありますが、本当に会社のことを思い、その会社がどのような社会貢献をできているのかなど考えますと、後を継ぐ個人の資質を鑑み、会社のため、ひいては社会のために、相応しい人材を二代目に据えるのが、きれいな引き継ぎかもしれません。

会社は誰のものなのか

会社を、自分のものと捉えるか、社員や社会のものと捉えるか、まずはその視点から見直し、それから会社の理念を見直してください。理念という会社の土台をもう1度見直すことで、二代目は土台からやり直して新しい家を建てるのか、土台は生かしたままリフォームをするのか、会社という家が二代目の家主に替わるにあたり、じっくりと考えてみるといいと思います。

4 「お前には任せられない」という前に

否定の悪循環

成功している経営者ほど、自分のやり方で成功してきたという自負がありますから、なかなか他のやり方を認められません。

少し厳しい表現でいうと、視野が狭くなっているのです。

時代の変化を感じ、忙しい経営の合間を縫って、勉強会やセミナーへ出かけたりして、視野を広げようと努力している方もたくさんいらっしゃいますが、いまある状況の中で何とかしようと思い、新しい世界に触れないでいると、どうしても視野は狭くなっていくものです。月1回のセミナーに行く、書籍を読むなど意図的に視野を広げる努力をしなければなりません。

頭が固くなってしまうと、こうだと思い込んだところから、簡単には出られなくなってしまいます。そこに成功体験が加わると、時代の変化がきても、自分は大丈夫だと思い込んでしまうのです。

ですから、そんな創業者が息子や娘など二代目に経営を譲ろうとするときには、彼らの新しい発想を否定し、時代の変化を否定し、周りの助言を否定し、ますます頑固になっていきます。

新しい経営方針に変わるとなると、それまでの自分のやり方が否定されているように感じるのでしょう。否定の悪循環がはじまってしまいます。

見られている背中

「お前には任せられない」と、頑なに突っぱねていると、誰が何をいおうが聞き入れられなくなってしまい、会社の存続すら危うくなってきます。ご自分がつくった会社の経営を、人に、ましてや自分の子どもに任せられないというのは、人を信じる力の欠如でもあります。

どんなに業績がよかったとしても、ご自分がいないと経営が回らないとしたら、ある意味、経営の失敗ともいえます。社員を育て、後継ぎを育ててこなかった、会社の理念を共有してこなかったご自分の責任なのです。

経営者は常に、次世代へのバトンタッチのことを考えて、会社のシステムや組織をクリアにし、安心して次世代にバトンを渡せるように考えておかなければいけません。ご自分以外のやり方を否定されるのは、得策ではありません。

実は、先代が思っているより、後継者はしっかりしている場合が多いのです。ご自身が仕事に夢中になっていた間に、子どもは勝手に育っていることがあるのです。知らない間に子どもは大人になっているのです。いつかは親の後を継ぐのだと思って育った子どもは、親のことをよく見ています。親のよいところも悪いところも見ていて、時代の変化も肌で感じていて、ちゃんと未来を見ているのです。

もし、任せようと思える後継者がいない場合は、早めに引継ぐための勉強を教えたり、経営者の集まりなどに参加させるようにしましょう。

自分の気持ちに折り合いをつける

まずは、否定ではなく、認めることから始めてください。目の前の現実をきちんと見てください。そして信じてください。子育てに関わってこなかったのならば、それを反省し、いまからでも遅くないので、子どものいいところを見て、それを褒め、信用してください。子育ての基本は、子どもを信頼することです。子育てに関わるチャンスを逃していたのならば、これからじっくり後継者育てに関わっていけばいいのです。

そして、どこかで諦めてください。いい意味においての「諦める」です。「お前には任せられない」という言葉の裏には、「お前」にしっかり関わってこなかったという後悔が潜んでいることがあります。「お前」に悪いことをしたという罪悪感がある場合もあります。「お前に」と口に出す前に、まずは自分の人生を振り返ってみてください。「お前」との時間を持っていたか、「お前」に大切なことを伝えられたか、「お前」の好きなことは何なのだろうか。どんなに考えても、納得できる答えが出ないときは、「お前」ではない人に、会社を譲る決心をしてみてもいいかもしれません。

5　自己否定から生まれるものもある

自分をアップデートする

自己肯定感というものが、自信を生み出すことはよく知られています。自己肯定感を高めるための方法は、ネットや本などに溢れています。

しかし、常に自信があり、成功体験の多い経営者にとって、会社を二代目に譲る場合に関しては、その自己肯定感が邪魔をすることがあります。

そんなときは荒療治になりますが、あえて自己否定をしてみるのもいい方法です。いろんな悩みや葛藤を繰り返しながらも、結果的に成功を治められた経営者にとって、自己否定をすることは難しいことかもしれません。

ただ、自己否定といっても、ご自身の存在を否定するわけではありません。ご自分の考え方や言動を、1度否定してみるのです。こんな考え方じゃダメだ、だから時代の変化がわからないんだ、こんな言動をしていてはダメだ、だから時代の変化の波に乗り遅れるんだ、などという風に、無理にでも1度、自己否定をしてみてください。

例えばパソコンのアップデートをするときに、1度電源を落としてから再起動するように、自分をアップデートするために、これまでの自信を、いったん無にしてみるイメージです。

人間は、自己肯定感と自己否定感を交互に持ちながら、謙虚に生きていくのが理想的な生き方です。くれぐれも、自分自身の存在を否定することは避けてください。注意していただくのは、あくまでも一時的な自己否定ということです。時代の変換期には、新しい考え方や言動をたくさんアップデートした人ほど、新しい時代を生きやすくなります。

ご自身の幸せのためにも、1度自己否定を試してみるのも1つの方法です。

偉人たちと比べる

自己否定しやすい方法としては、世界的に成功している経営者たちと自分を比べるという方法も有効です。世界には、世界を変えた経営者たちがたくさんいます。

マイクロソフトの創業者、ビル・ゲイツが成し遂げたこと。アマゾンの創業者、ジェフ・ベゾスが成し遂げたこと。大学生のときにフェイスブックを立ち上げたマーク・ザッカーバーグ、そして、松下幸之助さんや本田宗一郎さん、盛田昭夫さんなど、世界を変えた錚々たる顔ぶれの経営者のことを考えてみてください。

そんな方々の偉業を思うと、わずか数十人、数百人の社員がいるだけの自分の会社なんてたいしたことはない、この広い世界の中で、自分はちっぽけな存在なんだと思えてくるのではないでしょうか。

いい自己否定

いい自己否定ができると、ちっぽけな自分が何をムキになっているのだろう、ちっぽけな自分のちっぽけな会社を継いでくれる人がいるということは何て有り難いことだろう、ちっぽけな自分についてきてくれた社員がいる、家族がいる、これからは回りの人をもっと大切にしようという風に、感謝の気持ちも生まれてきます。

これまで少し尊大だった自我が影を潜め、感謝ができるようになったら、あなたのアップデートは完了です。アップデート後はまた自信をもって、新しい時代に順応し、新しい経営者に快くバトンを渡してみてください。そしてまた新しい何かを構築していく準備をされるのもいいかもしれません。

6　後任者は、前任者の肯定からはじめる

いまある土台の上に、船をつくる

親の会社を継ぐ方、出世をして社長となった方、または別の業種から抜擢されて社長となった方など、新しい会社を興すのではなく、すでにある会社の新しい社長として、経営を任されることになった方々は、スタートするにあたり、何を大事にされるでしょうか。

これまでのやり方を踏襲する、これまでのやり方を一新する、いろいろな方法がありますが、まず心に留めておいていただきたいのは、前任者を肯定するということです。

もしも前任者の経営が行き詰まっていて、会社が危機状態であったとしても、決して、前任者を否定しないでください。前任者が会社を立ち上げ、維持してきたことに、尊敬の念を持ってください。そして、どこでダメになったのか、冷静に判断し、そこまで戻り、新しい屋台骨を補強してください。

前任者の経営がうまくいっていたとしても、未来へ向けて、何が足りないのか、時代の流れを鑑

みながら、部署が足りないのならば、新しい部署をつくってください。前任者の経営とは違う方向へ舵をとりたいのならば、船のエンジンを替え、新しい技術者を入れて船員を補強し、時代の波へ乗る準備をしてください。理想としては、船員を減らさないことですが、もし自ら船を降りたい人がいれば、誠意を持って引き留めて、ダメだったら気持ちよく送り出してください。

会社を引き継ぐということは、前任者がつくった土台の上に、新しい船をつくるようなものです。前任者のときは、土の上に建つ頑丈な家だったかもしれませんが、いまは風の時代ですから、風に乗って自由に動ける船をつくったほうがいいかもしれません。元々あった設計図に手を加えたり、新しい設計図をつくったり、新しい羅針盤を手に入れたり、土台をつくってくれた前任者に感謝しながら、楽しい旅を続けてください。

感謝の不足

会社を継ぐというのは、ともすると、会社を興すことよりも大変だったりします。前任者のカラーが残る会社で、前任者と仕事をしていた社員を率いるのは、並大抵のことではありません。

ある二代目社長が、個人的な悩み相談で私のところへ来られたとき、世間話のように話されたことで驚いたことがありました。

先代社長がずっと目をかけて大事にされていた工場長さんが、自分の代になってから、態度が少し変だなあという気がしていたそうです。でも二代目社長はあまり気にせずに、あれやってね、これやってね、と指示を出すと、はいと返事はしてくれる。ただ、その態度が、なんとなくやる気がないように思えた二代目社長は、もっとやる気を出してくれという意味で、最初はボーナスを少し減らしたそうです。それでも態度が変わらなかったので、ついには給料を減らしたら、工場長が辞めてしまったというのです。二代目社長は、先代社長と違い、かなりのワンマンだったので、言葉にはしないで、「気づいてね」という意味で給料を減らしたというのですが、結果、工場が回らなくて困っているというのです。

これは、先代への感謝、先代の時代から働いている工場長さんへの感謝が足りなかったということです。心の中で感謝をしていたとしても、言葉に出さなければ伝わらないこともあるのです。

創業時の年で、会社の運勢を知る

私は、その話を聞いて、もっと早くに知っていたらと、残念な気持ちになりました。二代目社長は、少しコミュニケーションが苦手な星だったので、その点をアドバイスできたのにと思ったのです。二代目社長は、会社を継いで張り切っていましたが、会社の運勢としては、いまは静観していたほうがいい時期だったので、それも含めてアドバイスできていればと思いました。

ちなみに星の観点からいうと、会社の創業年が、人間でいう生まれた年となります。ですから会社の運勢は、創業年月日から見ることができます。ご興味のある方は、第６章で、ご自分の運勢とともに、会社の運勢もご参照されるといいと思います。

7　肯定のOODAサイクル

さて、これまでは、企業の生産性を高めるために、品質管理や業務管理を行う上でPDCAサイクルを実践されてきた方も多いと思います。

近年では、PLAN（計画）、DO（実行）、CHECK（評価）、ACT（改善）サイクルではなく、OODAサイクルに変わってきたようです。これをそのまま、考え方の改善に活かすことができます。

OBSERVE（観察）

いま会社が置かれている状態をじっくり観察するとともに、あなたの心の状態もじっくり観察してみてください。そして、問題点を書き出してみてください。

時代が変わりつつあるのに、自分はついていけていない。社員としっかり意志の疎通ができていない。次々に社員が辞めていってしまう。社内の人間関係が悪い。後継ぎがいない。後継ぎの考え方が理解できない。プライベートな時間がないなど、どんな小さなことも紙に書き出してみてください。

そうやって、あなたがいま、問題点を紙に書き出した時点で、それは全て状況を「肯定」できたということになります。肯定とは、意外に簡単なことなのです。

ORIENT（方向付け）

次に、1人ひとつの問題に、解決策を見つけてみてください。

自分は時代についていけていないようだから、勉強会やセミナーなどに行ってみようかなと考えたり、社員と意思疎通ができていないから、1人ひとりと話し合ってみようかなと考えたり、辞めていく社員に、なぜ辞めるのかちゃんと理由を聞いてみようかなと考えたり、後継ぎがいないから、後継ぎになりそうな人を探してみようかなと考えたり、後継ぎの考えていることを理解しようとしてみようと考えたり、プライベートな時間をどうやってつくるか考えたり。このように小さな悩み1人ひとつについて考えることが、次の一歩です。思考することで、問題解決のための方向が見えてきます。

DECIDE（意思決定）

1人ひとつの問題に対して、じっくり考えることができたら、やがて解決の糸口が見えてきますから、次は、計画を練ってください。

実際に勉強会やセミナーを探し、従業員や後継者と話し合う決意を固め、プライベートでやりたいことを計画し、よし、と、それぞれの具体的な日程を決めてみてください。

ACT（行動）

そして、いよいよそれらを1つひとつ行動に移すのです。

肯定することから始め、方向性を決め、計画を立て、実行する。このサイクルを続けていくと、サイクルは螺旋状《らせんじょう》に上がっていくので、会社もご自身も上昇気流に乗ることができます。会社の成長戦略でもあるOODAサイクルは、経営者1人ひとりの心の成長戦略でもあるのです。

8　実行するには

えいやっと飛んでみる

頭の中だけで、ああでもないこうでもないと考えていても、物事は動きません。

ある経営者さんが、身内に不幸が続いたことから、すっかりうつ状態に陥ったことがありました。しばらくは何もする気が起きずに、じっと家に引きこもっていたそうですが、評判のいい心療内科があると聞き、クリニックを訪ねたそうです。私はこの時点で、一歩を踏みだしたのだなあと思いましたが、そのクリニックでは、経営者さんに、しばらくは会社のことを忘れ、ご自分の好きなことだけをしてくださいとおっしゃったそうです。

幸い、経営者さんがしばらく休んでも、会社は回るようなシステムが構築されていたので、経営者さんは、好きなことをしようと思ったそうですが、いざ、好きなことをしようと思っても、はて、自分は何が好きなんだろうと、ご自分の好きなことがわからなかったそうです。

その方は、ゴルフやテニスや旅行など、わりとこれまで行動的に動いてらっしゃったのですが、そのときは、自分の好きなことが見つからず、心療内科医にそのことを話したところ、それでは、やったことがないことはなんですかと聞かれ、ふと、「空を飛んでいない」といってしまったそうです。では空を飛んだらいかがですかといわれ、その方はなんだか久しぶりに笑ったそうで、翌週には、パラグライダーのできる場所を探し、実際に空を飛ぶ体験をされたそうです。

「まさか自分が空を飛ぶことになるなんて、本当にびっくりしました。心のどこかで、パラグライダーに憧れていたのは事実なんですが、そんなことできるなんて思ってもみなかったので、いまではうつ状態になったことにすら感謝しています」

その経営者さんは、うつ状態から回復されたあとでも時々、空を飛びに行っているようです。

力を抜いてみる

この経営者さんの話を聞いて、私が思ったのは、悩んでいるときこそ、新しいことができるのだなあということです。よく、ピンチはチャンスといいますが、悩みに悩んで追い詰められて、ふと力が抜けたとき、これまでとは違う視点が見えてくるのかもしれません。

ですから、うまくいかないと悩んでいるときは、飛び上がる前に地面に屈《かが》み込むように、屈んで力を蓄えているときなのだと思うといいのです。力を蓄えれば蓄えるほど、大きくジャンプできますから、いま、悩まれているのだとしたら、ジャンプの前の準備期間なのだと思えばいいのです。

そのような準備期間には、くよくよ考えず、そんな時期なのだとさっさと諦めることも必要です。頭の中でくよくよ考えても、答えが出ない時期もあるのです。

実行しないと何事もうまくいきませんが、実行までの道のりは、人それぞれ違います。星の観点からいっても、それぞれの本質が違いますから、人と比べず、ご自分の特質に合わせたプロセスを辿り、実行へと移すといいと思います。それぞれの星で、実行に移すのにいい時期とタイミングがありますから、それをお調べになるのもいいかもしれません。

9　時代の変化の波を見るには

次の波

サーファーの方が、海の上で大きな波をじっと待ち、次にくる波を予想して、波に乗る体制を整えるように、経営者の方は時代の波を見て、会社を発展させていくものです。どんなに時代が変わっても、老舗と呼ばれている企業ほど、時代の波をいち早く見て、経営方針の軌道修正をされています。

いま、ＡＩというものが、これほど早く人々の暮らしに入ってくるとは誰が想像したでしょう。これからもっと進化し、ＡＩに取って代わられるだろうと予想されている職種などもあります。

地球環境も大きく変わっています。このままでは地球が滅びてしまうのではないかと思えるほど、常にどこかで自然災害が起こっていますし、世界中の企業がカーボンニュートラルに取り組んでいる中、常にどこかで山火事が起っていて、二酸化炭素を吸ってくれる大切な樹木が失われ続けています。世界中の夏が酷暑となり、もうすぐ既存の冷房装置では対処できない事態となるといわれています。

次の波のその次に

しかし私たちは、そんな時代でも生きていかなければいけません。

ＡＩなんてわからん、チャットＧＰＴなんてわからんと、わからないものを拒否するばかりではいけません。算盤から電卓に変わったように、手書きからパソコンに変わったように、みなさん知らぬ間にちゃんと適応されてきたはずです。

経営者は、経済界ばかり見ていればいいわけではありません。これからは、世の中で起きているすべてのことをよく見ることが必要です。ものすごいスピードで変わっていく時代についていけないと嘆かずに、その先に、どんな需要があるのか見極めてみてください。簡単には未来の見えない混沌としている時代こそ、新しいものを生み出すチャンスなのです。

サーフィンをする人が、海の波の変化を肌で感じ、次に大きな波がくることを知るように、そしてそれをじっと待つように、変化する時代の中でちゃんと目を開けていれば、その先の変化の波は見えてくるのです。

アンテナを立てる

数年前に、突然、コロナという病が世界中を大混乱に陥れました。日本では、店頭からマスクが消え、なぜかトイレットペーパーまで消えることもありましたが、まさかそんな事態になるなんて、誰も予測などしていなかったはずです。

コロナ禍が始まったころ、いち早くマスクを増産したり、服飾の縫製《ほうせい》工場がマスクを生産したり、誰もがいまマスクをつくれば売れると、それこそ素人までがこぞってマスクをつくって売っていました。飲食店にとっては大打撃でしたが、アクリルパーテーションを置けば営業していいということになり、このアクリルパーテーションも売れに売れました。

そして、長引けば長引くほど、今度は巣籠り需要が生まれました。テレワークのためのネットやクラウドサービスなどの業種が業績を伸ばし、家庭内で快適に過ごすための家電品も売れ、ゲームや食料、果てはルームウェアなどもよく売れたようです。

このように、思わぬところから特需が生まれるのが、変化の時代、混沌とした時代のときです。

コロナ禍で、いち早く先を読み、需要を予想し供給を増やした、または業種を転換した企業などをお手本にしてみてもいいかもしれません。

これから地球環境が変わっていくのなら、その先にどんな需要が出てくるのか、考えてみるといいと思います。大企業が、野菜工場をつくる時代です。何かが起こる前に、その予兆を感じられるアンテナを磨くことが、これからの経営者にとって大切なことです。

第4章　成長戦略と人間力

1　抜本的な視点の見直し

理念の再考

経営者の方は、会社を立ち上げてからずっと、前へ前へと進んでこられたことと思います。これまで何とかなってきたから、いまは少し苦しくても、これまでのように何とかなるだろうと思っていらっしゃるかもしれません。

しかし、何度もいいますが、時代が変わっているのです。いうなればいまは明治維新のときのように、世の中や人々の価値観が、がらりと変わっている大変換期なのです。これまでのような思考習慣のままでいると、仕事も、ご自分の生き方も行き詰まってしまう可能性があります。

「何とかなる」と考えることも必要ですが、何とかなると思う前に、考えておかなければいけないことがあります。例えば畑で果実を収穫しようとするとき、まずは種を植え、水を撒き、肥料を与え、雑草を抜き、やることをやったあとに、天候次第で何とかなるのです。その天候が、いまは変わっているので、これまでと同じ種、水、肥料では、よい果実が実らないかもしれません。

植物の成長と、会社の成長には共通点があります。いうなれば植物の種が、会社の理念にあたります。まずは、「種」である「理念」を再考してみましょう。

大企業の理念を見てみると、「持続可能な社会へ」、「豊かな人間環境へ」、「地域社会とともに発展を」などという言葉が並んでいます。これらは決して大袈裟な言葉ではなく、どんなに小規模な会社であろうと、これからは地球環境との共存、地域社会との共存という視点が必要になります。

利益が出ればそれでいいという考えだけでは生き残れません。大企業であろうと、中小企業であろうと、個人事業であろうと、壮大な理念を抱くべきときなのです。自分の会社が社会に何を還元できるのか、それが核となっていなければいけないのです。

プロセスの再考

次に、種をまく土壌である環境問題に目を向けましょう。せっかくいい種を植えても、土壌が悪いと芽が出ません。地球環境の激変により明らかに土壌が変わってきているように、経済の基盤である「経済活動を支える人材」、「金融サービス」、「社会インフラ」の状況も変わってきています。

経済基盤を支えているのは基本的に人です。日本ではこれからも人口は減り続けていきますから、いい人材を確保することは難しくなっていきますし、長く働いてもらうことも容易なことではなくなっていきます。ですから、あいつは仕事ができないからクビにするとか、気に食わないから辞めてもらうとか、個人の感情で社員を切り捨てる前に、ご自身の会社の土壌が、働きやすい会社であるか、居心地のいい場所であるかを見直してみてください。

それから、「水を撒く」という作業は、「よく見る」ということです。植物に水を与えるとき、芽や葉っぱの状態をよく見て成長度合いを確かめるように、あなたの会社の社員１人ひとりをよく見てください。水が足りなくて枯れかけていないか、水をやり過ぎて根腐れを起こしていないか、ご自身の水の撒き方が間違っていないか、日々よく見てください。肥料も同じです。適切な時期に、適切な量を与えるのは、よく見ていないとできないことなのです。植物の成長とともに、雑草も成長します。雑草を抜いておかないと、植物の成長を妨げます。雑草は、「雑念」にあたります。経営者自身の雑念でもあり、社員の雑念でもある雑草は、きちんと手で抜いてください。面倒くさいからと除草剤などを使ってしまいますと、大切な芽や枝まで枯らしてしまうことになります。

このように、植物を育てる過程を参考にしながら、これまで前だけを向いてこられた経営者さんは特に、これからは、社員と、社内環境を大事にすることを考えてみてください。

2 社員を伸ばす5つのプロセス

人には、生きていくうえでさまざまな欲求があります。生理的欲求、安全欲求、社会的欲求、承認欲求など、あなたの会社の社員は、それらの欲求を満たすことができているでしょうか。それぞれの欲求を満たすことで、人は成長し、自ら動ける人間になります。

①生理的欲求を満たす

人間の本能である食欲や睡眠欲などを満たすためには、適切な給与、適切な労働時間が必要です。

会社の利益を伸ばすには、人件費を抑えるのが1番の得策だと考えているようでは経営者失格です。社員1人ひとりが、労働に見合った報酬を受けることができ、無駄な時間外労働をさせられることなく、日々、健康的な生活を送れるようにすることが、まず第一に経営者が考えなければいけないことです。

②安全欲求を満たす

安全な生活のためには、適正な報酬というのが大前提にありますが、そのほかに、安全な労働環境というのがあります。先ほどのように植物の成長に例えると、害虫から守る、という大事なプロセスにあたります。経営者には、社員の心と身体の安全を守る義務があります。

顧客第一と、顧客ばかりを大事にして、顧客からの理不尽なクレームなどに対応させていませんか。モンスター顧客などは、外敵とみなすくらいのマインドで、社員のことを第一に考え、社員が間違っていないなら、顧客を切るくらいの気概を持たれるのが理想です。

③社会的欲求を満たす

心地よく社会とつながっていられることが、人にはとても必要なことです。家族や組織などの組織の中で、どのようなつながりが持てているのか、人間関係の問題となります。会社に信頼できる上司がいるか、話を聞いてくれる同僚がいるか、それらが社員にとっては大きな問題なのです。

社内の人間関係について、見て見ぬふりをしていませんか。社員が上司に素直にものをいえるような風通しのいい社内環境づくりを目指してください。

④承認欲求を満たす

昨今は、承認欲求を簡単に満たすことができるSNSが台頭しているように、人は誰でも、認められたいという欲望をもっています。

植物でさえ、うつくしい言葉をかけると、うつくしい花を咲かせるといいます。ぜひ、社員のよいところを褒めてください。その際、ただ上辺だけの言葉ではなく、きちんと見て、その人が喜ぶような言葉をかけてください。承認欲求というのは、尊厳を守るということでもあります。相手の人格を尊重し、うつくしい言葉をかけてください。

⑤自己実現欲求を助ける

生理的欲求、安全欲求、社会的欲求、承認欲求が満たされると、人は、自己実現ができるようになります。自分の内面にあるものを、外へ出していこうとします。能力や個性が磨かれて、社会へ還元したいと思うのです。それは魂が成長している証です。

自ら提案し、自ら動こうとする社員に、ふさわしいチャレンジの場を提供することが経営者の役目です。1人ひとりの社員が伸びることは、もちろん会社の発展につながりますが、人が生きるうえで、何より大事な自己実現ができることは、人の魂の成長を助けることでもあります。そんな大切なことを、仕事をしながら手伝えるというのは、経営者にとってはとても有り難いことであると感謝し、社員の魂の成長を見守ることも重要です。

3　つまらないプライドは捨てる

よいプライドと悪いプライド

一概に、プライドが高い人ほど自分の間違いを認めたくない傾向にあります。

九星気学的には、星のもつ性質によって、知らないことをすぐに知らないといえる人、知らなかったといいたくない人、知らないことなどないと思っている人などがいますので、一様にすぐにプライドを捨てなさいとはいえませんが、そのプライドが、つまらないプライドである場合には、やはりすぐに捨ててほしいと思います。

プライドには、よいプライドと悪いプライドがあります。

よいプライドとは、他人や権力に依存せず、自分を信じる強い心を持っていることです。何かアクシデントが起こったときに、大丈夫、自分は乗り越えられると思えたり、難しい仕事を任されたときには、大丈夫、自分はできると自分に言い聞かせることができるような、その強い、自分を信じる心こそがよいプライドです。

よいプライドを持っている人は、他人の評価ではなく、自分の中の基準に基づいて行動することができますから、より高い効果を出そうと、前向きに努力することができます。人のせいにすることもありません。ですから人もついてきます。

一方、悪いプライドというのは、本当は自信がないのに、自分を偉く見せたいからと強がっていたり、頑固で他人のいうことを聞くことができない強情さなど、他人に対して弱みを見せたくないために築いている高い壁のようなものです。

結果的にその壁は、新しい情報を遮断し、人の好意を跳ね返し、高い壁の上から人を見下し、視野をとても狭くしていますので、一刻も早く、その壁は壊すべきです。

高い壁の壊し方　その1

まず、すぐに優劣をつけようとする考え方をやめることです。優劣をつけていいのは、商品やサービスの品質だけです。人を見て優劣をランクづけしたり、同業者に対して勝ったとか負けたとか、すぐにそう思ってしまう自分の思考の癖に気づいたら、それこそが「劣」であり「負け」であるということを自覚してください。

自分の弱さをさらけ出すのが恐いように思えるのでしたら、まずは「それは知りませんでした、教えてください」という台詞を、意識して口に出すようにしてみてください。知らないことを知らないと認めるのは勇気がいることです。最初は抵抗があり、恥ずかしいかもしれませんが、それを続けていくうちに、少しずつ謙虚な気持ちが湧いてきます。

高い壁の壊し方　その2

もう1つ口癖にしてほしい言葉は、「ありがとう」です。どんな些細なことにも「ありがとう」といえるようになれば、あなたを見る周囲の目が変わってきます。

コンビニエンスストアでレジを打って袋詰めしてくれる店員に、レストランで料理を運んでくれたウェイターに、そして掃除をしてくれる従業員に、「ありがとう」といえるようになれば、あなたを見る周囲の目が変わってきます。些細なことにも「ありがとう」という習慣をつけましょう。

それから、面白い方法もあります。つまらないプライドをお持ちの方は、ご自分のテリトリーから出ようとはしませんので、あえて、自分の行きつけではない初めての店へ行ってみることをおすすめしています。いつも威張っていられるいつもの場所から、初めての店の一見さんになってみると、勝手のわからない場所で、初心に戻れることがあります。

同じように、あえて、いままでは恥ずかしいと思っていたような趣味を始めてみるのも効果的です。自分の偏見にも気づきますし、知らなかった世界を知ることで、自分の視野の狭さに気づくことができます。

このプライドに関しては、本当に星の性質によって違いますので、ご自分の星の性質を見てご自分の性質を知り、少しでもよい方向へいきたいという方は、後の章を読んで参考にされてください。

4　自分の物差しを持つ

長くて良質な物差しを

悪いプライドを捨てることができたら、よいプライドを強化していきましょう。よいプライドとは、他人の評価ではなく、自分の中に確固とした基準があり、それに基づいて行動できるということです。よいプライドを持っているということは、きちんとした「自分の物差し」を持っているということなのです。

自分の中にブレない物差しがあれば、時代が変わろうと、自分の眼で、自分の耳で、時代を読み、自分の言葉で社員を導くことができます。

しかし、自分の物差しを持つということは、広い視野で物事を見て、さまざまな経験をし、書物を読み、深く思考するような習慣がないと難しいことでもあります。ですから人は、他人の価値観に乗っかって生きていくという、ラクな道を選びがちです。しかしそうすることで、結果的には自分を見失い、他人と比べて落ち込んで、その弱さを隠すために変なプライドを持ってしまいます。

そんな経営者の中には、自分の弱さや自信のなさを隠すために、理不尽な文句をつけては社員を怒鳴ってしまうようなことがよくあります。そんな社内環境では人は育ちませんし、業績だって落ちていくのみです。そのような経営者が持たれている物差しは、とても短くて粗悪品かもしれません。人は、人との付き合いや社会活動の中で起きたことが、自分の物差しの目盛りから外れたとき、怒ったり怒鳴ったりしてしまうのです。

物差しは、長ければ長いほどいいのです。スケールが大きいという表現がありますが、それは持っている物差しが、長くて良質なものであるということです。

間違った測り方をしない

昔は、自分の物差しで他人を測るな、といういい方がよくなされていました。それは、正しくいうと、自分の物差しを他人に押しつけるなという意味です。人にはそれぞれ価値観がありますから、自分の価値観だけが正しいと勘違いしてしまうと、自分の物差しを押しつけがちになるのです。

自分だったらこうするのに何でこうしないんだとか、自分はこう考えるのになぜこう考えないんだとか、そういうのが間違った物差しの使い方です。あくまで物差しは、自分の中で起きた物事の度合いを測るための道具です。その物事にどう対処すればいいか、自分に何ができるのか、判断基準が確かであれば、他人を助けるために全力を出せますし、誰に、どこに、助けを求めればいいかもわかります。さらにいえば、自分を助ける方法もわかります。

自分の物差しがない人は、人を見るときや何か問題が起きたとき、その対応をするとき、そのときの気分だけで決めてしまうことがあります。意見がころころと変わる人間のことは誰も信用しません。目には見えない物差しですが、それが自分の中にあるのとないのでは、人間関係も対外関係も多いに違ってくるのです。

他人の物差しと比べない

人は、他人の物差しを見ることはできませんし、自分の物差しを他人に見せることもできません。ましてやその物差し同士を比べることもできません。しかしどうしても、人は他人の物差しのことが気になります。人からどう思われているのだろうかと考えることは、考えること自体が無駄な時間です。どうやっても他人の物差しは見えないのですから、そんなことに気を取られる必要はないのです。確固とした自分の物差しがあれば、他人の物差しなど必要ありません。

物差しというものは、比べる必要のない、目には見えない道具です。他人の物差しで評価をされるより、自分の物差しで自分を評価してください。そして年を取れば取るほど、物差しの目盛りの幅を広く、長さをどんどん延ばしていってください。物差しが長くなればなるほど人としても成長しますし、結果、会社も成長していくでしょう。

5　潜在意識を切り替える

すでに顕在しているもの

人は成長の過程において、上ばかりを見てしまうものですが、本当に自分がやりたいことは何なのだろうと、ときには子どものころの夢や希望を振り返ってみるといいかもしれません。すると案外、自分が夢を叶えていたり、思い描いていた環境に近い環境で暮らしていたりすることに気づいたりします。特に経営者の場合、やりたいことを追求してきた方が多いので、自分の夢が叶っているという方が多いでしょう。

会社としても、目標へ向かって一生懸命進んできたので、ある程度は希望が叶っているかもしれません。しかしいま、夢を叶えているはずの自分が、なぜ悩んだりしているのだろう、そこそこうまくいっているはずの会社が行き詰りつつあり、未来が見えなくなっているのはなぜだろうと、夢や希望を叶えたはずのいま、立ち止まっている方がたくさんいらっしゃると思います。

社員を伸ばす方法を考えたり、自分のつまらないプライドを捨ててみたり、いい物差しを持つように努力するだけで、自分の悩みは解決するのだろうかと思われる方もいると思います。本書に書かれているように、自分を磨く努力をするだけで本当にいいのだろうかと、疑いを抱くのが正しい反応でもあります。

そう思われたら、いま顕在しているものをよく見てください。いまそこに顕在しているものは、あなたの潜在意識が無意識に叶えてきた現実です。あなたはちゃんと、夢を叶えてきた人なのです。

あなたが信じれば、あなたの悩みは解決していきます。

頭の中で考えているだけでなく、過去を振り返り、今まで実現した夢や希望を、こと細かくノートに書いてみましょう。意外とたくさんの夢が実現しているはずです。

就きたくない職業

心理学のゲームで、「あなたが1番就きたくない職業は何？」と聞く遊びがあります。そう問われ、一生懸命に1番就きたくない職業は何だろうと考えて出した答えが、心理学的にいうと、実は本当は就きたかった職業だそうです。なぜその職業に就きたくないと思ったのか考えている最中に、その職業に就きたくない理由が出てきます。自分には向いてなさそうだから、すごく大変そうだからなど、基本的には「自分には無理だから」と、諦めの言葉が出てくるそうです。その諦めの気持ちが、潜在意識に重しをつけているそうです。

ですからいま、自分を向上させることも、意識を変えてみることも、自分には無理だと思わずに、「楽しそう！」と思ってみてください。そう思うだけで、潜在意識のスイッチが切り替わります。

新しい時代になり、新しい価値観が生まれているときですから、新しい潜在意識が顕在化するように、「無理」を「楽しそう」に変えてみてください。潜在意識にポジティブな言葉を植えつけるだけで、あなたの「無理」はなくなるのです。

6　何歳からでも成長できる

常に勉強をする

人間には成長期というものがありますが、成長期を過ぎると成長しないのは、身体的な部分だけです。人間の内面は、どこまでも成長できるのです。

ある経営者さんが、60歳を過ぎて空手を習い始めました。最初にお聞きしたときにはびっくりしたのですが、よくよく聞いてみると、戦うほうの空手ではなく、型のほうの空手とのことで、少し安心しました。空手を習い始めてから、その方は、随分と謙虚になることができたとおっしゃっていました。

「空手の教室へ行く前には、もっと早く始めればよかったなと思っていたんですが、少し時間がとれるようになったのがこの年齢だったんです。しかし、習い始めて思ったのは、頭ではわかっていても、身体がいうことを聞かないというその一点です。先生が何度もいうんですよ。自分の思う通りに身体が動かないということを受け入れることが大事ですと。もう見事に身体は動かないし、型も全然覚えられない。確かに、その事実を受け入れるまでに時間がかかりました。私は運動神経がいいほうだったので、なおさらです。そしてやっとそれを受け入れられたとき、私はいろんな方に思いを馳せることができました。お身体の不自由な方の大変さ、それでも笑って生きていらっしゃる方への尊敬の念。わかっているのにできないという人の無念さと、それでも頑張っておられる方への尊敬の念。私は、自分が人より運動ができ、仕事ができるという自負を抱いていましたが、60歳を過ぎて新しいことをやってみたことで、自分がいかに傲慢であったかということに気づけたのです」

それを聞いて私は、大変感動しました。常に勉強するというのは、こういうことなのだと思ったのです。机に向かって教科書を開くばかりが勉強ではないのです。勉強とは、自分の小ささに気づくことでもあるのです。

振り返ることも成長（リフレクション）

成長というのは、思考を広げることを意味します。忙しい毎日の中で、何か新しいことを始めるのは大変です。空手を始めた経営者さんのように、何か習い事をしなければ視野が広がらないわけではありません。

ある経営者さんは、日曜日にときどき、あちこちの大型郊外店のフードコートでごはんを食べることを始めたそうです。いつも秘書がついていて、会食をするときは、運転手さんが運転する静かな車で、予約していた上品なお店に行くような方です。

あるとき、経営者仲間に、フードコートへ行ってみることを勧められたようで、実際に行ってみて驚かれたそうです。

自分の生活空間とは全然違う空間で、隣で小さな子どもが泣いているような席で、持たされた呼び出しベルが鳴るのを待っている間、その方は回りを観察していたそうです。子どもをあやしている隣席の若いファミリーを見ながら、そこに、若かったころの自分を見たのだといいます。成功して忘れてしまっていた自分の原点を、フードコートで見ることができたのだといいます。

ご自分の歩んできた道を振り返ることで、苦労してきたこと、頑張ったことなどを認めることができ、さらにまたこれからも頑張ろうと思えたとおっしゃっていました。歩んできた道の途中で失敗したこと、挫折したこと、そのようなマイナスと思える経験さえ、すべて今につながっているのだと気づき、すべての経験に感謝することができたのだそうです。どこまでも成長されていくその方を、私は眩《まぶ》しく見ていました。

7　脳みそに汗をかくほど考える

限界を超えた先に

どうすれば会社が成長するのか、どんな戦略を立てればいいのか。悩んだときは、脳みそに汗をかいみてください。脳みそに汗をかくというのは、考えるということです。「悩む」と「考える」では大きく違います。悩んでいるだけでは、ぐるぐると思考が空回りして、脳みそが動きません。ぐっと脳みそまで思考を落とし込んだとき、はじめて思考は思考として機能しはじめるのです。

ぐるぐると思考が空回りしているときは、無理に脳みそに落とし込もうとしなくても、頭の中に考えるべきことを置いたまま、実際に、ぐるぐると歩き回ってみてください。すると、表面に置かれていた考えるべきことは、自然に脳みその中へ落ちて行きます。ぐるぐると歩き回ることを繰り返していると、何かの拍子に、例えば新聞の文字や、雑誌の文字などが目に入った瞬間に、思考が機能し始めることがあるのです。

ヒントを見逃さない

そのように、ふとした瞬間に目に入ってくる言葉などが、思考を深めるヒントとなります。ヒントというのはどこにでも落ちていて、そのヒントを拾うためには、集中力が必要です。空回りしている思考を大事に頭の中に持っていると、ヒントを拾おうとする集中力が生まれます。ヒントを見つけたら、それを頼りに、うんと考え、脳みそが汗をかくほど考えてみてください。汗をかいた脳みそが、自分ではこれが限界だと思っていた先に、新しい道筋を見せてくれます。そうしたら、そのまま突き進み、脳みその汗を振り払いながら、限界だと思っていた地点から先の道に新しい考えを見つけてください。とても抽象的な表現になってしまい申し訳ないのですが、脳みそは自分では見ることができないので、汗をかくイメージをして思考してみるといいと思います。

頭のいい人と話す

1人で一生懸命考えるのもいいのですが、どうしても思考の癖というものが、新しい思考の出口を塞いでしまうことがあります。そんなときは、頭のいい人たちと話をすると、その方たちのテンポの速い会話や深い知識の波にのまれ、つられて新しい思考がアウトプットしてくることがあります。呼び水のような仕組みなのかもしれません。

ある経営者さんは、時折り、自分より頭のいい知人と会うようにしているそうです。そうすることで、上には上がいると知ることができ、自分の無知や思考の偏りに気づくことができるとおっしゃっています。

「彼らにとっては迷惑な話なのかもしれませんけど、生まれながらに脳みそのハードディスクが違う人たちっているんですよね。彼らが大学生だとすると、僕なんか幼稚園児のようなもんなんです。幼稚園児が大学生と真剣に話してもらえるのは有り難い限りで、僕は必死で脳みそに汗をかきながら会話をしているんですが、それが楽しくてねえ」

私から見ると、どちらにとっても有意義な時間なのだと思います。頭のいい方にとっても、謙虚に人から学ぼうとする相手と対峙することは嬉しいことですし、違う視点を持った人たちが真剣に話をするのは、ブレーンストーミングですから、そこから新しい発想やアイデアが生まれ、何より楽しい場所が生まれているのは素敵なことです。いつまでも学びたいと思っている人の脳みそは、いつも新鮮な汗をかいていて、どんどん可動域が広がっていくのだと思います。

8　心の拠り所、名言集の利用法

色褪せない真理の言葉

身近に尊敬できる人がいなかったり、実際に会うことが難しい場合には、名言集というものが助けになります。世の中には素晴らしい業績を残した人がたくさんいて、その方たちが残した名言集というものは、いつの時代も色褪せないものです。

本当に大切な思考とは、時代の流行り廃りとは関係ないところにあります。それはまるで真っ直ぐに通った1本の道のように、常に時代の真ん中にあります。その道へはどんな人もアクセスできますし、もしあなたが迷って振り返ったときには、そこにいつも影のように寄り添っていて、落ち込んで俯いているときにはそっとあなたを照らす光になるのです。それは見えない真理の道ですから、心でしか感じることができません。

そんな道を歩いてきた人の残した言葉が、名言集となって後世まで残っているのです。生きる道、思考する道にはたくさんのルートがありますが、どんな道を選ぼうと、いつの時代にも存在している その真理の道を標にすることが大切です。

老若男女関係なく、その道を通った人たちの言葉は、人の心にヒントを与え、癒しをくれ、心の拠り所となります。心の拠り所というのは、依存する場所ということではありません。家族や仕事やペットのように、あなたに活力をくれるもの、あなたの生きがいとなるものであり、あなたを支えてくれる精神的支柱です。たくさんの名言の中から、あなたの気持ちにぴったりとくるものを探して、座右の銘にしたり、社訓にしたりしてもいいかもしれません。

偉人たちの名言

- 「夢なき者に成功なし」吉田松陰
- 「失敗の責任は主君に、成功の功績は家臣に」曹操

・「事業を始めるとき、金儲けをしようという気持ちはなかった。何か世の中を明るくする仕事はないかと、そればかり考えていた」日清食品創業者・安藤百福
・「仕事は自分で見つけるものだ。また職業は自分でこしらえるべきものだ」豊田佐吉
・「人を信じよ。しかし、その百倍も自分を信じよ」手塚治虫
・「何でもいいからやってみる。ただそれだけなんだよ」岡本太郎
・「商売とは、感動を与えることである」松下幸之助
・「何かを捨てないと前に進めない」スティーブ・ジョブス
・「決定の場面においては、トップは常に孤独である」ドラッカー
・「チャレンジして失敗を恐れるよりも、何もしないことを恐れよ」本田宗一郎
・「何でもやってみなはれ、やらなわからしまへんで」鳥居信治郎
・「人間性や人格、境遇や環境は、思いによって形成される」松下幸之助
・「失敗が人間を成長させると私は考えている。失敗のない人生なんて本当に気の毒に思う」本田宗一郎
・「失敗したところで止めるから失敗になる。成功するところまで続ければ成功になる」松下幸之助
・「何事もゆきづまれば、まず、自分のものの見方を変えることである」松下幸之助
・「恥ずかしいと感じることから進歩は始まる」野村克也
・「わからなければ人に聞くことである」松下幸之助

9　人間力の向上が会社の成長

優しい人になる

人間力の向上というと、立派な人にならなければいけないと思ってしまうかもしれません。人間力の向上というのは、なにも偉人になるために努力するということではなく、その人が本来持っている力を発揮できるように努力していくことです。

努力といっても、難しい学問を勉強しなければいけないとか、厳しい修行をしなければいけないとかいうことではなく、簡単にいうと、どれだけ優しい人間になれるかということです。優れた人になるのではなく、優しい人になる、それが本当の意味での人間力の向上です。

いま、仕事をしていくうえで必要だといわれる人間力の高さは、コミュニケーション能力、柔軟な思考力、優れた自己管理能力、人や社会への貢献度、倫理観や正義感など、たくさんの能力が挙げられますが、どの能力の根底にあるのも、人としての優しさです。

受け入れる

ある経営者さんの会社に、コミュニケーション能力に欠けるといわれている発達障がいのある男性社員がいるそうです。

しかしその彼は、素晴らしい集中力をもち、他の人の二倍も三倍も成果を出すことができるので、市場調査の第一線で働いているそうです。確かに、コミュニケーションを行ううえで、ときどき行き違いを起こしたりもするようですが、経営者さんは、「彼はとても優しい人間なんです」といっています。コミュニケーション能力に問題があるからといって、彼を閑職に追いやるでもなく、他の社員たちと対等に仕事を任せています。私が素晴らしいと思うのは、彼のことを優しいという経営者さんの優しさと、彼の特性を知り、彼の少し変わったコミュニケーションの仕方に腹を立てない他の社員さんたちの優しさです。

その彼自身も、自分に発達障がいがあることを知っていますし、経営者さんは、他の社員に対して、円滑にいかないコミュニケーションがあったときにムッとしたり、イライラしてしまう自分の心をよく観察するようにいっているそうです。怒るのは、自分の心の狭さだと認識できる社員たちは、いまではそんな自分を受け入れながら、彼を差別するようなことなく、彼のことを認めているようです。

経営者さんの優しさが、社員に伝わっていて、とてもいい雰囲気で仕事をしているその会社は、とても業績を伸ばしています。

徳のポイントカードを貯める

その経営者さんがおっしゃったことで面白いなと思ったのは、「みんなで徳のポイントカードを貯めているんだよ」ということでした。

「徳のポイントカード」とは、例えば朝、電車の中でお年寄りに席を譲ったとか、そんな当たり前のことはもちろんのこと、苦手な取引先の人に優しくできたとか、誰かのミスのせいで残業になったときに、怒らずに一緒にリカバーして達成感を味わえたとか、思いがけず人に優しくできたとき、ああ、徳のポイントが貯まった、やったあと考えるように教えているそうです。

その結果、1人ひとりの行動力や視野が広がっていくので、1人ひとりの人間力も向上していくし、隣の人に優しくできる心がけは広がっていくので、結果として、さまざまないい影響が生まれ、仕事の生産性も上がっていくのだそうです。

実際にポイントカードとシールをつくり、徳を積んだときにシールを貼る活動をした人もいます。人は記録をすることで、目標達成する気になります。歩くのが面倒だったのに万歩計をつけ、何歩歩くかを記録していくうちに、部下を呼びつけていたのに自分から話を聞きに行くようになった。会社の最寄り駅の一駅前で降りて出社するようになった。記録することで効果が発揮されます。実際にポイントカードがあると、より徳を積むようなマインドになるのです。

徳を積むというのは、些細な優しさが積み重なっていくことなのだと思います。人として優しいこと、思いやりがあること、それが人間力の基本だと思います。会社の発展を望むならば、経営者は自らが優しくなり、優しさが根底にある厳しさを持ち、社員を育て、導き、やがて社会貢献へと発展させていくのが、これからの時代の基本になるのだと思います。

第5章　人が辞めない会社にするには

1　人が辞めない組織の秘密

社員を家族だと思うこと

ある会社の新年会に呼んでいただいたことがあります。ホテルの宴会場を貸し切っての新年会で、100人近くの参加者がいました。その会社の社員は、30人ほどです。私がまずびっくりしたのは、小さな子どもさんがたくさん参加していたことです。そうです、その会社では、新年会に、社員だけではなく、社員の家族も招待していたのです。

立食パーティーの会場では、子ども向けのご馳走がずらりと並び、子どもたちが嬉しそうに駆け回っていました。私も子どもたちと一緒に、ハンバーグやグラタンをいただいたのですが、1番驚いたのは、数十人いる子どもたちが、みな、例外なく素敵な子どもだったことです。それは、礼儀正しくておとなしくていい子だったという意味ではありません、わんぱくな子もいれば、ませた子もいましたが、大人の顔色を窺うような子どもは皆無で、みな無邪気で、こういう言い方が合っているのかはわかりませんが、子どもらしい子どもばかりだったのです。

私は驚いて、なぜこんないい子ばかりなのかと経営者さんに尋ねましたが、経営者さんご夫妻は、笑っているだけで、その秘密を教えてはくれません。私はしばらく観察していたのですが、経営者さんの足にまとわりついていた小さな子どもが、慣れた様子で抱き上げた経営者さんの腕の中ではしゃいでいる様子を見て、まるで優しいおじいちゃんのようだと思い、私は納得したのです。

この経営者さんは、社員のことを家族のように思っているのです。社員の家族まで、優しく丸ごと受け入れているのです。

社員に愛されること

そして、和気あいあいの宴会の中、社員１人ひとりが、とてもいいお顔で経営者さんを見ている様子を見て、私はまた納得しました。この会社の社員は、みんな、経営者さんのことが大好きなのです。さらにいえば、みんなが仕事に満足し、きっと会社のことが大好きなのです。社員同士も仲がよくて、みんなで子どもたちを見守っています。社員たちが、充実した生活を送っているのであろうことがわかりました。

そんな充実した暮らしの中で育つ子どもたちが、のびのびと育っているから、すべての子どもたちが素敵なのです。

経営者さんご夫妻は、地域の子ども会のイベントなどにも積極的に参加していらっしゃいます。経営者さんご自身が、６人兄弟の長男として育っているので、常にみんなで仲よく生きてこられたのだろうと容易に想像することができました。ご夫妻は、社員のことも家族のように思ってらっしゃるからこそ、社員たちも、まるで両親を敬うように、経営者さんご夫婦を愛し、会社を愛しているのだろうと思いました。

使命感を共有すること

社員が、仲のいい家族のように連帯できると、同じ目標へ向けて歩いていくことができます。社員の数が多い会社ですと、難しいと思われるかもしれませんが、部署ごとに、1つのファミリーだと思えれば、大きな会社でも親戚のようになれます。

300人ほどの社員のいる会社へ伺ったことがあるのですが、五階建ての各フロアに、ほぼ仕切りがなかったのが印象的でした。各部長たちが越境してゴルフの話に花を咲かせていたり、社内にはいろんなクラブ活動があるようで、趣味でつながった社員たちがやはり越境して週末の釣りの計画について話していたり、とても自由な社風でした。その会社には社員食堂があり、社員食堂の一部は夜になると居酒屋になるようで、いまの時代には珍しく、部下と上司が早い時間から一緒にお酒を飲んでいて、仕事の愚痴や相談を気軽に話していました。中には、別のテーブルで飲んでいる別部署の部長に、部署の異動を直談判する若手社員もいるということです。その席では、会社の方針や目標について熱く論じられ、社員全員が同じ使命感を共有しているように見えました。

この会社の離職率は非常に低く、ほとんどの社員が辞めないといっても過言ではありません。社内の風通しがいいと、気持ちよく働けるのだなあと感心しました。

やる気を持たせること

いま大企業などでは、社員に積極的に特許を取らせて、特許が取れた場合には、その特許料を会社が取るのではなく、社員自身にかなりの額を還元しているところが増えました。そうすれば、社員にはやる気がみなぎります。

社員１人ひとりを信じ、社員に向いた仕事を任せ、自信を持たせ、やりがいを持ってもらうこと、それはとても大切なことだと思います。社員が頑張ったら、頑張った分で出た利益を経営者が一人占めすることなく、きちんと社員に還元すること。これからは、このように社員を大切にしない会社は淘汰されていくと思います。

2　社員の叱り方

雑談状態のときに叱る

あなたは社員を叱るとき、どんな風に叱っていますか？

改まって呼び出して、社員のミスを叱っていませんか。またはその場で感情に任せて怒ったりしていませんか。誰にでも失敗はあります。その失敗から何を学んでもらえるかが大切なことなのです。絶対に感情で怒らないようにしてください。社員の様子を見ながら、いまどんな気持ちでいるだろうかと思いやり、叱るタイミングを見ることが大事です。

１番いいのは、ご自身の感情が収まり冷静になり、社員も反省しているだろう頃合いを見て、雑談状態のときに叱ることです。これには、日ごろから信頼関係が築けているかが大切なポイントになりますので、普段から、社員には挨拶などはもちろんのこと、気軽な雑談ができるような関係性を築いていてください。

信頼関係とは叱るためにつくるものではありませんが、信頼関係があるのとないのでは、同じ叱り方をしても、部下の心に響くか響かないか、効果は多いに違ってきます。

雑談をしながら、そういえばあの件は、と軽く話を振り、どうしてそうなったのか、部下の言い分や状況説明をきちんと聞いてください。そして、どこが間違っていたか、どうすればよかったのかなど、叱るというより、今後同じ失敗をしないためのアドバイスとして冷静に話をしてください。

そして、部下に嫌われるのは嫌だなとか、辞められたら困るな、などと気後れせず、間違っていることに対してはきちんと叱ってください。正しい責任の取り方を教えてください。

人格を傷つけないこと

叱るときに最もやってはいけないことは、人格を傷つけることです。怒りに任せて叱っていると、だんだん興奮してきて、だからお前はダメなんだと、ひたすら人格を否定するような言葉が出てくる人がいます。もうそうなると、叱るのではなく、「責める」になってきます。

本筋とは違うところで責められた社員は委縮して、心を閉ざしてしまいますし、何が問題だったのか曖昧になったまま、問題解決にもならず、反省することもできず、それからはあなたを避けはじめるでしょう。

このような叱り方を、他の社員の前でやってしまえば、他の社員もあなたへの不信感を抱きます。叱るときに、その人の本質が現れるのです。お酒の席などで、ご自分のストレスを、社員を叱ることで解消されるような方もたまにいらっしゃいますが、そのようなことは論外です。ご自分はすっきりされるでしょうが、責められている人、同僚が責められるのを目の前で見ている人たちの心は、すっかりあなたから離れていくでしょう。

叱るときにも、相手の尊厳を守り、自分の尊厳も守り、愛情をもって接してください。九星気学の観点からいうと、ご自分の星や部下の星を知った上で、相手にとって効果的な叱り方というのもありますので、どうにも上手な叱り方がわからないと悩んでいらっしゃる場合は、第６章を参考にされてください。

3　社員の褒め方

雑談状態のときに褒める

叱り方と同じように、雑談をしながら褒めるというのが、効果的な褒め方です。なぜなら、改まった席に呼び出して、一対一のときに急に褒めても、何か裏があるのではないかと、本心が伝わらないことがあるからです。経営者と一対一で話をするということは、それだけで緊張感を生みます。

そんな席で褒められても素直に喜べないのです。

それから、他の社員の前で、１人の部下だけを褒めるのも避けたほうがいいと思いますが、本人のいないところで、さらりと褒めるは効果的です。他の社員から、褒められていたよ、と聞いた本人は嬉しくなります。

雑談状態のときに褒めるといいというのは、ああ、そういえば、この前の案件はよくできていたとか、そういえばあのお客様対応は素晴らしかったねとか、普段の状態の中で、急に思い出したように褒められると、社員は、社長がいつもさりげなく自分のことを見ていてくれるのだと思って安心感を抱きます。

褒めるべきときにちゃんと褒めていると、社員の仕事に対するモチベーションも上がりますし、満遍なく社員を褒めることで、チームの生産性もあがります。よかったと思ったことは、言葉を出し惜しみせず、嬉しそうに褒めてください。人を褒めることで、人間の脳には幸せホルモンが出るともいわれていますので、褒める方も褒められる方も幸せになり、いい循環が巡ります。

長所を見つけて褒める

常々、社員をきちんと見ていれば、社員の変化に気づくことができますので、いい変化が訪れているときには、すぐに褒めてください。明らかなお世辞や取ってつけたような褒め方をするのではなく、本心から褒められるよう、常々、社員に対して素直に感謝の念を持っていることが大事です。

それから、褒めるときは、ちゃんと相手の名前をいってから褒めるようにしてください。そうすることで、誉め言葉に真実味が加わります。どこが、何がよかったのか、具体的に褒めるのも効果的です。

今回の仕事はよかったというだけではなく、素晴らしい資料が功を成したとか、きみの言葉遣いは本当に素晴らしいとか、相手の長所を見極めたうえで褒めると、褒められた相手は、それが自分の長所なのかと認識することもできますし、これからもっと丁寧な資料づくりをしようとか、もっと丁寧な言葉遣いをしようとか、長所が伸びるような方向へ向かいます。

全力で褒める

褒めるときに、きみは普段はできないのに今回はできたとか、きみの仕事はいつも遅れるのに今回は早かったねとか、「のに」という言葉を使うことは避けてください。褒められる前に「のに」がつくと、いったん否定されたような気持ちになります。あくまで褒めるときは、１００％褒めてください。

そして、褒めるときには、「ありがとう」という感謝の言葉も添えましょう。その言葉をいわれるだけで、今までの苦労を忘れるぐらいの威力があります。

経営者さんが育ってきた時代には、社員を叱ることで伸ばすという考えが主流だったと思いますが、いまは、褒めることで伸ばす時代です。ですから褒めることに慣れていないかもしれませんが、日々、小さなことにも感謝できる心を養い、自然に社員を褒められる感性を磨いてください。

4　社員を平均化しない

多様性を認める

社員がみんな、モーレツに働く時代は終わりました。一様に成果を競わせ、個性の違う社員たちを、同じような教育で、同じような働き方をするような社員につくり上げる時代は終焉したのです。

総務関連が得意な人間、営業関連が得意な人間、営業サポートが得意な人間、データ収集が得意な人間、人事関係が得意な人間、人にはそれぞれ向き不向きがありますから、それぞれに合った働き方をしてもらうのが1番です。

日本では、ひと昔前まで、みんなと同じになるために勉強し、みんなと同じになるために就職するというような考え方がありました。いまでもリクルート活動をしている大学生たちの服装がみんな同じなのは、その名残りなのかもしれません。平均的な人間なんて存在しませんし、平均的な生活なんてものも存在しません。みんな、違うのです。平均点というのは、ばらばらな成績を足して人数で割ったものでしかありませんし、最初から平均点というのも存在しないのです。

さらにこれからは、「個」の時代ですから、それぞれの個性を生かせる職場づくりが必要です。厳しいルールを決め、それからはみ出す人間は平均的ではないと切ってしまうようでは、会社としても大損することになるのです。それぞれの社員の個性にあった働き方をしてもらえるよう、まずは経営者が個性を認め、それを伸ばす努力をすることが必要です。

バラつきをよしとする

それぞれの社員の個性を伸ばそうとすると、一見すると、バラバラな社員たちの集団に見えるかもしれません。しかし、それでいいのです。人というのは、よほどの才能にめぐまれている人ではない限り、あれもこれもなんでもやれるわけではありません。それぞれに長所があり、短所がありますから、それぞれが長所を伸ばせるような仕事ができると、当然バラつきは出てきます。

誰も彼もが同じような実力で、同じマニュアルに沿って同じような仕事の仕方をするというのは、人間的ではありません。そのような仕事は、これからの時代、ＡＩに取って代わられていくでしょう。社員を平均化したいとお考えになるのでしたら、それこそ、人間ではないものに仕事をしてもらえばいいのです。

人はそれぞれ違うから面白いのであって、それを楽しみながら会社を経営できる人が、これからは伸びていくでしょう。自分のいうことを黙って聞いていればいいというような支配型の経営では、社員が平均化しているほうがラクだと思いますが、そのような会社では社員も楽しく仕事はできませんし、やりがいすら感じられないでしょう。

社員1人ひとりの個性を伸ばし、面白がり、信頼できるような経営者になるためには、ご自身の思考のチェンジと、器を大きくするための努力が必要となります。バラつきを認めたうえで、それぞれが会社の理念を共有できるようなシステムをつくることがこれからは必要になってきます。

5　社員をビジネスパートナーに

1人ひとりに責任感を持たせる

社員のモチベーションを高めるにはどうしたらいいのだろう、みなさんそう悩まれていると思います。その答えとしましては、極端にいいますと、社員をすべて、ビジネスパートナーとして扱うことです。

ご自分が立ち上げた、もしくは先代が立ち上げた会社ですから、簡単にはいかないと思いますが、時代の変化の波に乗っていくには、それくらいの意識をもたれるといいと思います。

社員1人ひとりに、自分も一緒に会社を経営しているのだという意識を持ってもらうと、そこには責任感が生まれます。経営者が社員を信頼し、社員1人ひとりが、いちいち上司の指示を仰がなくても自分の判断で動けるようになると、そこにはやる気が生まれます。

仕事をしていく中で、少しくらいルールを逸脱したとしても、それが顧客のためであったり、無駄を省くためであったり、前向きで正しい判断での行為だとしたら、ルールを破ったことを叱るよりも、善処したことを褒められるような社風ができれば、社員たちのストレスも減ります。

もちろん、最終的に全責任は経営者が取りますが、社員の自主性を重んじることで、社員が常識を働かせて自分の判断で率先して動いてくれるようになると、会社は活性化しますし、社員のモチベーションも上がります。みんなが生き生きと働ける職場になるのです。

社長の力は2割、社員の力は8割

しかし、いきなり、「今日からきみたちは私のビジネスパートナーだ」と経営者が宣言しても、社員たちには驚き呆れられるだけですから、少しずつ、社員たちが、社長は自分を信頼してくれている、自分で好きなように動いてもいいのだ、と思えるような仕組みをつくっていってみてください。

これまでほとんどトップダウンで仕事を行っていたのならば、少しずつ、ボトムアップシステムを採用していってください。従業員たちの意見をよく聞き、採用し、責任をもって遂行してもらい、常に従業員たちの声を聞く経営者となってください。従業員から声が上がってこないときは、ご自分から声をかけてください。

実際、日本航空を黒字回復させた稲盛和夫氏も、社員に、自分は何の責任者か、何のためにここで働いているのかを問いかけ、意識させたと言われています。

理想は、トップダウン2割、ボトムアップ8割くらいです。社員が自分も会社の経営に深く関わっているのだと積極的に思えることで、チーム力もアップしますし、1人ひとりが責任感を持つことで、仕事が楽しくなり、充実度もアップします。

新しい時代の監督

ビジネスパートナーという感覚が湧かないのでしたら、ご自分のことを、高校野球の監督に例えてみるとわかりやすいです。昔の高校野球は、部員を厳しく統括し、部員は理不尽なことにも耐えながら、ひたすら監督のいうことを聞いて、笑顔のないような必死の野球をしていましたが、今年の夏の高校野球で優勝した慶応高校のチームは、野球を楽しみ、個性的な選手たちが伸び伸びと動き、見ているこちらまでが楽しくなるような野球をしていました。これからはこのような高校野球が主流になっていくのでしょう。慶応高校の選手たちの中には、さわやかな長髪の子がいたり、日焼け対策をしている子がいたり、部員たちは監督のことを「監督」ではなく、さんづけで呼んでいました。さらにはスタンドからは、監督のことを呼び捨てにする応援歌まであり、まさに時代の変化を目の当たりにすることができました。そんな高校が優勝する時代なのです。

時代はますます自由に軽やかになっていきます。これまでのようなゴリゴリのやり方では、経営者も社員もきつくなっていくでしょう。どうか、軽やかな経営者になることを目指してください。

6　企業文化は秘伝のタレ

丁寧に継ぎ足していく

会社が培ってきた歴史や伝統、経営者の価値観や意識などが、社員たちと共有されることで、その会社の文化が生まれます。どの会社にも他の会社とは違う文化があり、それはまるで秘伝のタレのように、その会社でしか育まれないものです。文化という秘伝のタレを、いかに社員たちが好きになってくれるかで、社員が辞めない会社となっていけます。

秘伝のタレには、時代によって味が変わることもありますし、大切に扱わないと腐ってしまうこともあります。名店のタレほど腐らないというのは、常に雑菌の繁殖を防ぐ努力をしているからです。努力をしているからお客さんが途絶えず、どんどんタレが継ぎ足されるので、常にタレが新しいものに入れ替わるのです。

秘伝のタレへの菌の繁殖を防ぐ努力というのは、企業文化でいうと、ストレスなどで気持ちが腐りそうになっている社員をすぐにケアする努力にあたります。秘伝のタレの維持に必要なのは、丁寧な管理ですから、企業文化の中では、社員の気持ちに寄り添い、必要だったら休みを与えたり、希望を聞いたり、１人ひとりの社員を大切にしてください。

企業文化を育むには、経営者が明確な価値観を示すことが大切ですから、社会に対して会社が何をできるのか、消費者に何を提供したいのか、明確なビジョンを持ち、それを社員と共有してください。

チームワークの強化

秘伝のタレを守るためにはチームワークが最も必要になります。企業文化はみんなで守るものなのですから、明確な企業文化があれば、必然的にチームワークが強化します。

日々、仕事とは決断の連続で、ときには忙しさの中で、何をすればいいのかわからなくなったり、判断を間違えてしまうこともあるでしょう。しかし、企業文化に立ち返ることができれば、ああ、これがウチの味だったと、会社の価値観や判断基準を思い出すことができます。そのような価値観の共有、いつ、タレを継ぎ足したかなどの情報の共有、連携、チームワークがあれば無敵です。

新しい人材を確保するときにも、秘伝のタレがあると、その味を好きな人材が来てくれる可能性も高いです。連帯感を持って仕事ができることは、社員のモチベーションが上がりますし、会社の生産性も上がります。それが共有されていることで、経営者だけではなく、社員1人ひとりが、その人の価値観に基づいて、秘伝のタレを継ぎ足していくこととなります。

ですから1人ひとりが思いやりの心を持ち、文化を腐らせないように努力し、秘伝のタレを使って伝統の料理から新しい料理までつくれるように、企業文化からさまざまな展開ができれば、企業は発展していくでしょう。

7　言葉ではなく心を伝える

親しき仲にも礼儀あり

社内の雰囲気がよくなり、社員同士に連帯感が生まれ、経営者と従業員の距離が近づくことは嬉しいことですが、注意しなければいけないのは、親しき仲にも礼儀あり、です。親子関係においても、友人関係においても、この言葉はよく使われます。

社外の取引先の人とでも、どんなに親しくなろうと、守らなければいけないのが、相手への配慮と礼節です。

親しくなればなるほど、相手への甘えや依存が出てきたり、配慮のない乱暴な言葉が出てきたりすることがあります。社内の価値観を共有していても、個々の価値観は別々です。このくらいはいっても大丈夫だろうとか、それくらいはやってくれるだろうという考えは、ときとして相手を怒らせてしまう場合があります。怒ってくれるならまだしも心にずっとしまい込まれていたら大変です。そうなると、せっかくいい雰囲気になっていた社内が、たちまちギクシャクしはじめます。社外では最悪、取引が停止になることもあります。

適切な距離感を保ちながら、きちんとした礼儀作法を身につけるには、人間性を向上させることしかないのですが、人それぞれに育った環境が違えば、本人の価値観も違います。大人になってから、改めて礼儀作法を身につけるのは大変かもしれません。

ですからまずは、きちんとした挨拶をすることから始めてください。相手の目を見ておはようというのは、案外難しいことなのです。照れや恥ずかしさもありますし、いまさら改まって何だろうという抵抗感もあります。しかし、基本の挨拶とありがとうがいえるようになると、自分自身の言動が改まってくるのがわかったりします。

経営者が手本となる

ちゃんと相手の目を見て挨拶をしなさいというのは、小学生のころに先生からいわれた言葉かもしれません。経営者がそんなことを社員相手にいっても、誰も聞いてくれないかもしれません。それならば、経営者自らが、実践するしかありません。

まず出勤したら、なるべく社員1人ひとりと目を合わせ、おはようと挨拶してください。背後から挨拶された場合には、ちゃんと振り向いて目を見て挨拶を返してください。ありがとうというときも目を見て、指示を出すとき、資料を渡すときも、ちゃんと目を見てください。退社するときも同じです。お先に失礼しますと社員に挨拶されたら、笑顔で答えてください。無理をして世間話をする必要はありません。

そうやって、目を見て挨拶をすることを続けていると、目を見て挨拶を返してくれなかった人も、徐々に態度が変わってきます。挨拶をするときは、相手の状況を慮《おもんぱか》るだけではなく、言葉の奥に、相手を大切に思っているという心を持ってください。何で今さら挨拶なんか、と思われるかもしれませんが、挨拶は人間関係の基本であり、言葉に乗せる思いやりです。わざとらしい感謝の言葉を長々と述べるより、心の込もったありがとうの一言で、相手に何もかも伝わります。また、「単純接触効果」という心理学用語があります。これは、繰り返し接すると好意度や印象が高まるという効果です。何度も挨拶を繰り返していくうちに親密度が上がる効果もあるのです。

まずは経営者が手本となって礼節を示し、相手を思いやる気持ちを伝えてみてください。

8　顧客ファーストではなく社員ファーストへ

社員を守る

お客様は神様です、という時代は終わりました。買ってもらってなんぼの世界観も変わりました。1番きつい仕事だといわれているコールセンターの従業員たちが、次々に精神に変調をきたし、すぐに辞めていくのは、クレーマーと呼ばれる顧客が増えたからです。

社員の心を傷つけてまで、儲けを大事にしたいですか？　社員が次々に辞めていくのに、まだ顧客ファーストを続けますか？　学校の教師などの離職率が急激に上がっているのは、モンスターペアレンツという、すぐに学校や教師に文句をつけてくる保護者とやりとりすることでモチベーションが下がるからだそうです。モチベーションが下がるだけならまだしも、心を病んでしまうと、普通に生きることさえ危うくなってきます。

どの業界も、顧客からのクレームには悩まされているかもしれません。ある物販店が、執拗なクレーマーに絡まれて、ＳＮＳなどでも発信され、大変困っていたときに、物販店の経営者は従業員を守るため、次のようにクレーマーたちに宣言しました。

「私たちの店舗にご不満があるのならば、残念ですが、ご縁がなかったということで、別の店舗のご利用をおすすめします、私どもの従業員は、何も間違ったことはしておりませんし、私の仕事は社員を守ることですから、当店がお気に召さないお客様にはご来店いただく必要はありません」

このように毅然と社員を守れる経営者こそ、これからの時代の経営者なのだと私は思いました。結果、その経営者の心意気に賛同する人たちが新たな顧客となり、その物販店は繁盛しているようです。

包容力を発揮する

従業員の数が多かろうと少なかろうと、経営者の心が、きちんと社員のほうを向いていると、社員はついてきます。ついてこない社員がいても、経営者に見捨てないでいる度量があれば、いつかは振り向いてくれるかもしれませんし、結局出ていくかもしれません。出ていきたいときは、とがめずに、好きなようにしてあげましょう。

このような経営者の姿勢は、ある意味、親のようなスタンスです。言葉は悪いですが、家族の中にはできの悪い息子がいたり、親のいうことを全然聞かない娘がいたりもします。しかし、親は、子どもを見捨てません。親としては、すべての子どもに優秀であってほしいとは願いますが、そうはならないのは、子どもを育てている親はみな知っています。

子どもがいない人ほど、母性や父性に溢れている人が多いともいわれています。子育てをすると、母性や父性が生まれますが、最初からそれらに溢れている人は、子育てをする必要がないともいわれています。しかし、本物の子どもがいなくても、会社を経営していると、否が応でも親のような愛情を育まなければいけません。会社というのは、１つの家族のようなものなのです。

家族愛をアピールしないこと

しかし、あくまで、親のような思いを持つのは経営者側だけで、それを社員に強制してはいけません。社外にアピールすることも、誤解を生むことがあるので避けたほうがいいかもしれません。家族的な経営をしているとアピールすることで、本物の親子間の争いのような、甘えの入った身勝手な行動を取る社員も出てきますし、親子関係がうまくいっていない社員などは、変なプレッシャーを感じてしまうかもしれません。

経営者が、従業員のことを家族だと思えばいいというのは、従業員の長所を伸ばそうとか、短所をどうやったら克服できるだろうかなど、１人ひとりの個性を見て、大きな愛情をもって接することができるからです。パワハラやセクハラの基準を考えるときに、「あなたの息子さんや娘さんに同じような態度を取るかどうかを考えてみてください」というワークがあります。「こんなこと自分の子どもにしないよな」ということが、ハラスメントだったりするのです。

従業員を家族だと思えば、無理な残業をさせたり、暴言を吐いたりしないように、従業員の心身の健康を第一に考えるはずです。

大切なのは、家族だからと甘やかさず、厳しくしすぎず、束縛せず、それこそ親しき仲にも礼儀ありの心持ちで、愛情を持って社員を見守ることです。

9　経営とは、人を、自分を、育てること

いい親になる

私は若いころ、保育士をしていたことがあります。そしてそのあとは塾の経営をしていましたので、子どもを育てることの大切さと大変さをよく知っています。そしていま、経営者さんたちのコンサルティングの仕事をするようになってから、ますます「人を育てる」ということの必要性を感じています。

成功している経営者さんほど、家族をとても大切になさっています。そして、社員のことも家族のように大切にされています。そのような経営者さんたちは、みなさん人格者ですし、父親としても、母親としても、見事に大らかで懐の深い方たちばかりです。もちろん、子どものいらっしゃらない方もいらっしゃいますが、その方たちがもし親だったら、どんなに素晴らしいお父さん、お母さんになられただろうと思います。

会社の経営がうまくいく秘訣は、結局は、経営者の器の大きさ、人間力の問題だということなのです。しかし、はじめから達観していた方はいらっしゃいません。みなさん努力をし、自分を見つめ、困難にぶつかりながら、それを乗り越えるたびに大きくなられてきたのです。そして、社員を育て、社員と一緒に育ち、会社を大きくしています。

いい人間になる

子どもというのは、褒めるとどんどん伸びますし、頭ごなしに叱ると心を閉ざします。大事なのは、見捨てないということです。

アメリカの心理学者であるメアリー・エインスワースが提唱した安全基地。これは、「心細いとき、その状況や心情を素直に話すことができ、頼ることができる存在のことです」。その場所に行けば自分を守ってくれる、安全な基地というイメージですね。木登りができる子どもは、もし木から落ちたとしても下で両親が受け止めてくれる。例え、両親がいなくてもそんな安心できるイメージがあるから、木登りできるといいます。

一方、木登りのできない子は、守ってくれる両親がいない感覚に襲われるのです。このように子ども時代に親に大事にされず、家庭に愛着をもてないまま大人になった方もたくさんいらっしゃいます。「愛着障がい」という言葉もあるくらいですから、人格形成の段階で、大切な愛情が欠けていると、ずっと苦しむのです。

そうなった段階では、いまさら親に何かしてもらおうというのは無理な話です。ですから私は会社という組織が、親の代わりになり、人を育てる役目を担ってくれるといいと思っています。それは決して、会社を幼稚園や学校のようにしろといっているわけではありません。会社は利益を出さなければいけませんし、遊ぶところではありません。

就職して３年以内に、中卒新入社員の７割、高卒の５割、大卒の３割が離職する現象を「七五三現象」といいます。せっかくのご縁で就職したのに、たった3年で辞めてしまう。学生気分が抜けていない、学生時代と就職してからの生活を比較してしまう。同学年、しかも、そのなかでも気の合う仲間と一緒にいた学生時代から、一番年下になり、二十も三十も年の離れた大人と一緒にいる社会人生活は苦痛に感じるかもしれません。

しかし、私の経験上、素晴らしい経営者さんの元では素晴らしい社員が育ち、圧倒的に離職率も低く、会社は素晴らしい業績を上げています。

人を育てるには、まず自分が成長していかなければいけませんし、子育てと同じように、人を育てながら自分も育っていくのです。いい人間になること、それは、経営がうまくいくための手段でもあり、もしかしたらそれが、人間が生まれてきた意味かもしれません。

九星気学の観点から

いい人間になるために、いい経営者になるために、いい人材を育てるために、ヒントとなるのが九星気学です。人はそれぞれ持って生まれた星というものがあり、どのような特性を備えているのか、星を読み解くことでわかります。会社も家族も社会も、すべて人間関係です。人間関係がうまくいけば、人の心は軽くなり、目標へ向かう気持ちも強くなります。

次章では、ご自分の星の求め方を記していきますので、もし、ご興味のない方は、第6章を飛ばして第7章へ進まれてください。

第6章　帝王学の九星気学

1　九星気学の歴史

九星気学とは

九星気学は、紀元前2000年以前の中国で発祥し、後漢《ごかん》の時代に完成された「陰陽五行説《いんようごぎょうせつ》」を起源とするといわれています。古代中国で、洛水《らくすい》という川に現われた亀の甲羅に、九星盤《きゅうせいばん》という方位学で用いる文様が浮かび上がり、それが九星気学の始まりであるという伝説もあります。

実際の九星気学の誕生は、「奇門遁甲《きもんとんこう》」という戦争に勝つために方位術から派生したものだといわれ、戦略を立てる際に用いる術として始まったようです。

日本では、奈良時代に、遣唐留学生として中国に渡った学者の吉備真備《きびのまきび》が、「奇門遁甲《きもんとんこう》」を中国から持ち帰り、やがて国の命運を占う国家機関の陰陽寮《おんようりょう》というところで研究され、活用されるようになりました。

陰陽寮は、明治時代になると廃止されるのですが、それまで一部の人しか知ることのできなかった占いが庶民にも広まりはじめたのは、江戸時代半ば以降だといわれています。

明治に入り、気学の祖ともいわれている園田真次郎《そのだしんじろう》氏が、日本で流行していた九星を用いた占いをベースに、気学の体系を構築し、九星術としてまとめ上げたものが、いまの九星気学です。

九星気学とは、自分や相手のことを知り、そして、社会全体の流れを読み、ビジネスチャンスを見逃さず、成功に近づくための運命学でもあります。

陰陽五行説

古代中国では、「五行」という理論によって、自然界を理解していました。自然の中に存在するすべてのものは、5つの要素に分類できると考えています。

その5つが、「木」「火」「土」「金」「水」です。この五行には、それぞれに季節や時間、色などの性質があると考えられています。

・「木行」
生命体を意味する樹木を象徴しています。季節は春、時間は朝、色は青や緑です。

・「火行」
明るさを意味する太陽を象徴しています。季節は夏、時間は昼、色は赤です。

・「土行」
食べ物を育てる大地を象徴しています。季節は土用、時間は朝、昼、夕、夜の間。色は黄です。

・「金行」
物質を意味する鉱物を象徴しています。季節は秋、時間は夕、色は白です。

・「水行」
水を意味する海を象徴しています。季節は冬、時間は夜、色は黒です。

そして、この五行には、陰と陽があり、木の陽が「甲《きのえ》」、木の陰が「乙《きのと》」。火の陽が「丙《ひのえ》」、火の陰が「丁《ひのと》」。土の陽が「戊《つちのえ》」、土の陰が「己《つちのと》」。金の陽が「庚《かのえ》」、金の陰が「辛《かのと》」。水の陽が「壬《みずのえ》」、水の陰が「癸《みずのと》」となります。これらを「十干《じっかん》」と呼びます。

九星早見表の見方

九星気学では、陰陽五行と干支、そのほか、「八卦《はっか》」（占いは当たることもあれば、外れることもあるので、吉凶いずれになっても気にするなというたとえを「当たるも八卦、当たらぬも八卦といいますよね）という概念などを組み合わせて、1人ひとりの運勢を読み解いていきますが、本書は占いの本ではありませんので、詳しいことは割愛します。左の九星早見表にて、ご自分の星を調べてみてください。

九星気学は東洋の占いですので、旧暦を使います。ですから、新年は立春（2月4日頃）となりますので、立春以前にお生まれの方は、前年の星がご自分の星となります。2月4日生まれの方は、ご自分の生まれた年の立春の日をお調べになって、立春が4日の場合はそのまま、3日の場合は、前年の星がご自分の星となります。

また、生まれ年で出す九星を「本命星」といいますが、生まれ月で観る「月命星」などもあり、本式の鑑定ではそれらを重ね合わせて観ます。しかしここでは、性格や運勢に大きく影響を与えている本命星を中心に、簡単にご紹介していきます。

〔図表①　九星早見表〕

生まれ年が当てはまるところがあなたの星です。

旧暦で占いますので、2月の節分以前にお生まれの方は、前年の星となります。

2月3日生まれの方は、生まれた年の節分が3日の場合は前年の年の星、

4日の場合はそのままの年の星となります。

一白 水星	二黒 土星	三碧 木星	四緑 木星	五黄 土星	六白 金星	七赤 金星	八白 土星	九紫 火星
1936	1935	1934	1933	1932	1931	1930	1929	1928
1945	1944	1943	1942	1941	1940	1939	1938	1937
1954	1953	1952	1951	1950	1949	1948	1947	1946
1963	1962	1961	1960	1959	1958	1957	1956	1955
1972	1971	1970	1969	1968	1967	1966	1965	1964
1981	1980	1979	1978	1977	1976	1975	1974	1973
1990	1989	1988	1987	1986	1985	1984	1983	1982
1999	1998	1997	1996	1995	1994	1993	1992	1991
2008	2007	2006	2005	2004	2003	2002	2001	2000
2017	2016	2015	2014	2013	2012	2011	2010	2009
2026	2025	2024	2023	2022	2021	2020	2019	2018
2035	2034	2033	2032	2031	2030	2029	2028	2027

2　星の特徴

ご自分の星がおわかりになられましたら、次にそれぞれの星の特徴をご紹介します。

ご自身の人柄や、意識している数字や色、象徴的な言葉や職業が、当てはまっているか、興味本位で構いませんので、ご参照ください。

また、紙面の都合上、詳しくはご説明できませんので、簡単にまとめています。

一白水星の人の特徴

この星は、北に位置します。季節は冬、月は12月、色は黒、数字は一と六、「再生」「生命」「悲しみ」「秘密」「思考」などを象徴しています。

人柄としては、「苦労の多い人」「悩んでいる人」といわれますが、水の星ですので、水があらゆる形のものへでも入っていけるように、環境の変化への順応性があり、人当りもよく、誰からも好意を持たれます。物腰が柔らかく、コツコツと努力をする人で、人間関係を大事にする人です。頑固な一面もありますが、人助けをよくします。

向いている職業としては、「教育者」「著述科」「哲学者」など、コツコツと思考を積み上げていく職業や、水にまつわるもの、飲食業や漁業関係の仕事も向いています。

二黒土星の人の特徴

この星は、南西に位置します。季節は晩夏から初秋、月は7月8月、色は茶、黄、数字は五と十、「大地」「家庭」「勤勉」「丁寧」「温和」などを象徴しています。

人柄は、「思いやりにあふれた人」「真面目な人」といわれ、万物を育てる大地のような包容力があり、献身的ですから、縁の下の力持ちタイプで、人から頼りにされます。優柔不断で決断力に乏しいところもありますが、参謀タイプでまじめです。誠実なので、よく人に尽くすことができます。

向いている職業としては、「食品業」「酪農」「不動産業」「古物商」真面目に丁寧な仕事ができますので、なんでもコツコツ積み上げていきます。土に触れる「農家」も向いています。

三碧木星の人の特徴

この星は、東に位置します。季節は春、月は3月、色は青、数字は三と八、「意欲」「勇気」「主観的」「決断」「情熱」を象徴しています。

人柄としては、「行動力のある人」「明るい人」といわれますが、向上心が強く、太陽のように明るく社交的で協調性もあるので、早くから頭角を現すこともあります。好奇心旺盛で頭の回転も速いのですが、失敗や挫折に弱く、繊細で傷つきやすいところもあります。結論を急ぎたがる傾向があります。

向いている職業としては、「アナウンサー」「講演家」「ミュージシャン」などのほか、情報通でもあることから、「音楽関係」「声楽家」「放送関係」なども向いています。

四緑木星の人の特徴

この星は、東南に位置します。季節は晩春から初夏、月は4月5月、色は緑、数字は三と八、「成長」「信用」「長期」「盛況」などを象徴しています。

人柄としては、「成熟した人」「優しく穏やかな人」といわれますが、社交家でありながら従順な面をもち、人当りもいいため、フレンドリーで、誰とでも仲良くなれます。空気を読むことに長け、人の心に寄り添うことができるので、誰からも信頼され、広い人脈を築けますが、気分屋で飽きっぽいところもあります。不思議と人に嫌われません。

向いている職業としては、「外交官」「セールスマン」「配達員」などの社交性を生かせるものや、世話好きな面を生かせる仕事のほか「出版関係」「広告関係」「紡績業」なども向いています。

五黄土星の人の特徴

この星は、中央に位置します。季節は四季の土用、月は無し、色は黄、数字は五と十、「帝王の星」といわれ「支配」「慢心」「中央」「野望」「崩壊」を象徴しています。

人柄としては、「情に深い人」「中心にいる人」といわれますが、孤独に強くマイペースで、生まれながらのリーダー気質で、責任感も強く、強いメンタルを持ち、どんな困難も乗り越えていけます。正義感も強く、愛情深さもあり、圧倒的な統率力と存在感を持ちますが、自分を過信しすぎる面もあり、人に謝ることが苦手でもあります。我が道を行く傾向があります。

向いている職業としては、「政治家」「首相」「支配人」など、リーダーシップを発揮できる職業ですが、特異な個性を生かして「タレント」や「俳優」などのほか、個人競技のスポーツ選手にも向いています。

六白金星の人の特徴

この星は、西北に位置します。季節は晩秋から初冬、月は10月11月、色は白、数字は四と九、「宇宙」「高級」「勝負」「財産」「多忙」などを象徴しています。

私の友人で、白い高級車に「4」のナンバーをつけている多忙な経営者がいます。やはり、「六白金星」の方でした。日本人が嫌う4も、彼にとっては、気分が高揚するそうです。

人柄としては、「精神性の高い人」「高貴な人」といわれますが、完璧主義なところもあり、アクティブで、目的意識が明確で、人情味もありますが、プライドの高さから、人間関係に摩擦を起こしがちです。人の上に立つ星ですが、苦労が多いほどよい指導者になれますので、謙虚さを身につけると、だんだん人気が出てきます。じっとしていることが苦手です。

向いている職業としては、「アスリート」「軍人」などのほか、「医師」「弁護士」、金星という星の特徴を生かした「経営者」「投資家」なども向いています。

七赤金星の人の特徴

この星は、西に位置します。季節は秋、月は9月、色は白、数字は四と九、「喜び」「愛嬌」「リラックス」「消費」「サービス」などを象徴しています。

人柄としては、「陽気な人」「社交的な人」といわれますが、情熱的で、交友関係が広く、面倒見もよく、生まれながらに「衣食住」に困らない星ともいわれています。柔軟性が高く、要領もよく、次々に新しいことにチャレンジします。また積極的で周囲の皆さまから可愛がられるチャーミングさがあります。

向いている職業としては、「司会者」「デザイナー」「宝石貴金属業」「歯科医」などのほか、「ファッション業界」や「銀行」「金融関係」「飲食店」、「タレント」などにも向いています。

八白土星の人の特徴

この星は、北東に位置します。季節は晩秋から初冬、月は1月2月、色は黄と白、数字は五と十、「慎重」「強欲」「頑固」「保守」「復活」などを象徴しています。

人柄としては、「おだやかな人」「落着いている人」といわれますが、基本的には真面目で冷静沈着、合理的ですが、不器用で頑固で、融通の効かないところもあります。しかし、苦労を厭わないので、大器晩成型です。後継者運が強いので、家業を継いだり、抜擢されたりすることもあります。山の星ともいわれ、決断は遅くとも、決めたら脇目もふらずに進んでいきます。

向いている職業としては、「不動産業」「建築」「神主」「ホテル業」のほか、面倒見がいいところもありますので「カウンセラー」や「教育者」など、人材育成の分野の仕事も向いています。

九紫火星の人の特徴

この星は、南に位置します。季節は夏、月は６月、色は赤と紫、数字は二と七、「光」「華麗」「虚栄心」「精神」「争う」などを象徴しています。

人柄としては、「頭の回転が速い人」「華やかな人」といわれますが、先見性があり、美的感覚を備えていて美意識が高いので、独特の世界観を持っています。頭脳明晰で、知的好奇心が旺盛で、感性が鋭いのが特徴ですが、プライドが高く、うぬぼれがちなところもあります。決断が早く、向上心も旺盛です。素早く臨機応変に対処できる才能があります。

有名人でいえば、明石家さんまさんが九紫火星です。たしかに頭の回転が速く、華やか。以前は、芸能人や芸人のみならず、子どもや女子大生、ＯＬ、高齢者まで、ありとあらゆる対象を相手に冠番組を持ち、どの番組も盛り上っていましたよね。頭脳明晰や知的好奇心が旺盛なゆえに成り立っていたのだと思います。

向いている職業としては、「アーティスト」「モデル」「デザイナー」「作家」「芸術家」などのクリエイティブな仕事のほか、正義感を生かし、「弁護士」「裁判官」「司法書士」など、法律関係の仕事も向いています。

3　星の相性

相生と相剋

自分の星と、どの星と相性がいいのということは、次の図のようになります。

この関係性の中では、相手にいい影響を与える関係を「相生《そうじょう》」といいます。一方、自分が相手を傷つけてしまう関係を「相剋《そうこく》」といいます。

事前に関係性を知ることにより、「相生」なら、これからも、より一層よい関係を維持する努力をしたり、「相剋」の場合は、意識して付き合うことにより、傷つけないように接したり、先方が不快にならない言葉を選ぶなど、注意をすることができるようになります。

図の見方としては、一白水星ですと「水行」、二黒土星ですと「土行」となりますので、数字の後の五行を見てください。

ぐるりと円に描いている矢印が時計回りになっているのが、「相生」の関係性です。矢印の根元にある方が「母」であり、矢印の矢の部分にある方が「子」という関係性になりますので、「母」の場合は、相手に力を与える存在、「子」の場合は、相手から力を与えてもらう存在となります。

また、円の中を走る点線が、「相剋」となります。矢印が向かっている相手を、傷つけてしまう関係性です。

〔図表②　相生、相剋〕

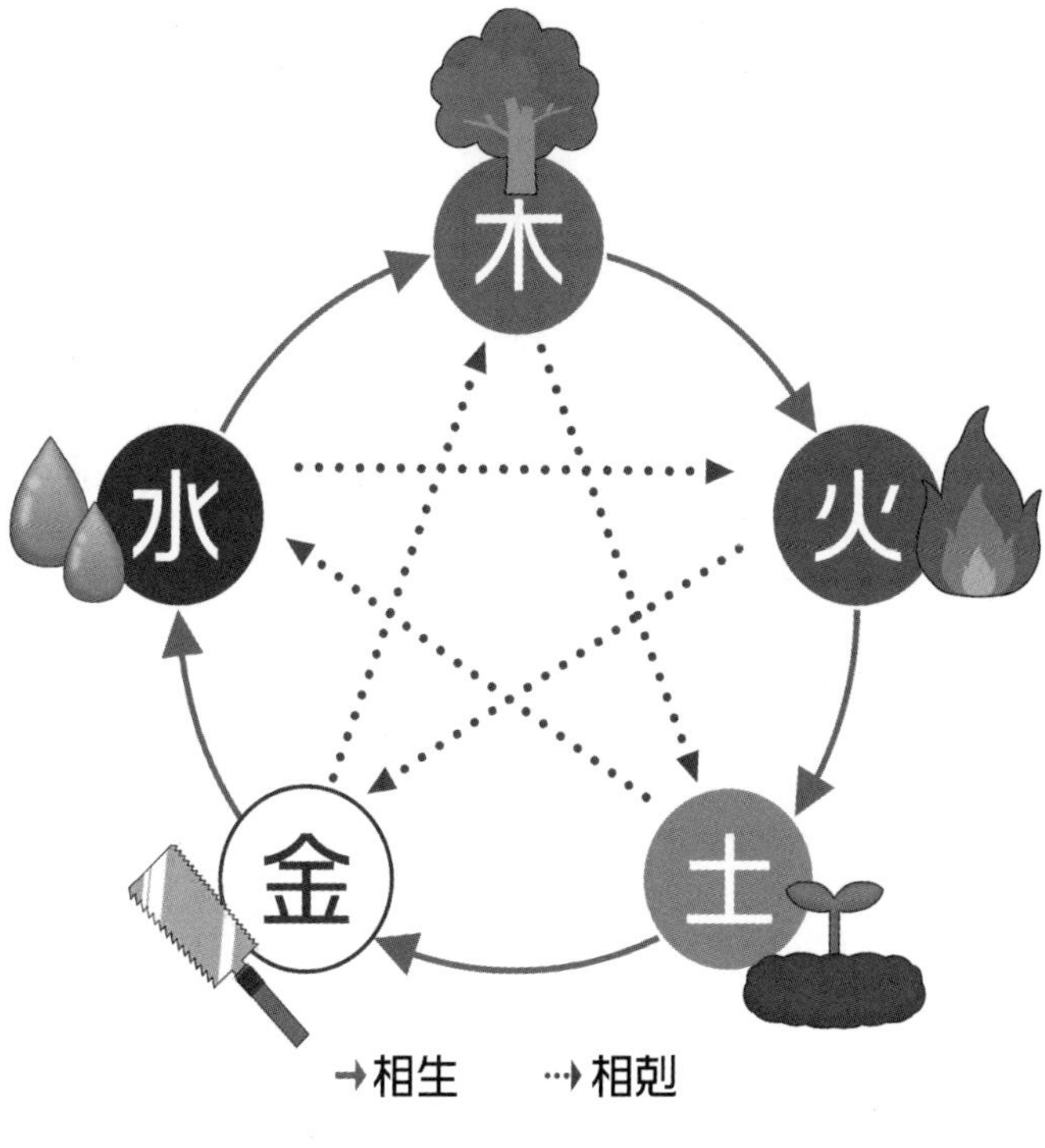

4　運勢三角法で運を先読みする

いま、自分がどこにいるのか

九星気学では、経営者がいま、どのような時期にいて、どのような運勢にいるのか観ることができます。経営者だけではなく、会社の創業年によって、会社の星もわかりますので、会社がいま、どのような位置にいるのかということも観ることができます。

図表③は、誰にでもわかりやすくご自分の「いま」を見ていただけるように、私がオリジナルで作成した図です。運を四季に当てはめてみる運勢三角法では、一番上が「夏」となっています。そして1年ごとに、右へ（時計回り）廻っていきますので、来年、再来年はどのような位置にいるのか、あらかじめ知ることができます。時期やタイミングを計るときに、参考にされてください。

この図では、ご自分の星の位置を知るとともに、時代の流れもわかるようになっています。今年は四緑木星の年でしたから、「四」が一番上にありましたが、来年は「三」が一番上になります。一番上にある星の特徴が、その年に流行るモノや色・起きそうな事柄や傾向を示唆しています。

夏が一番上にあるということは、動きやすく一番運勢がよい季節ということになりますが、ご自分の星が冬の時期に入っていたとしても、冬にやるべきことは、春への備えですから、じっくりと勉強したり、力を溜めるときなのだと解釈してください。星は順番に9年周期で動きますので、よ

〔図表③　運勢三角法〕

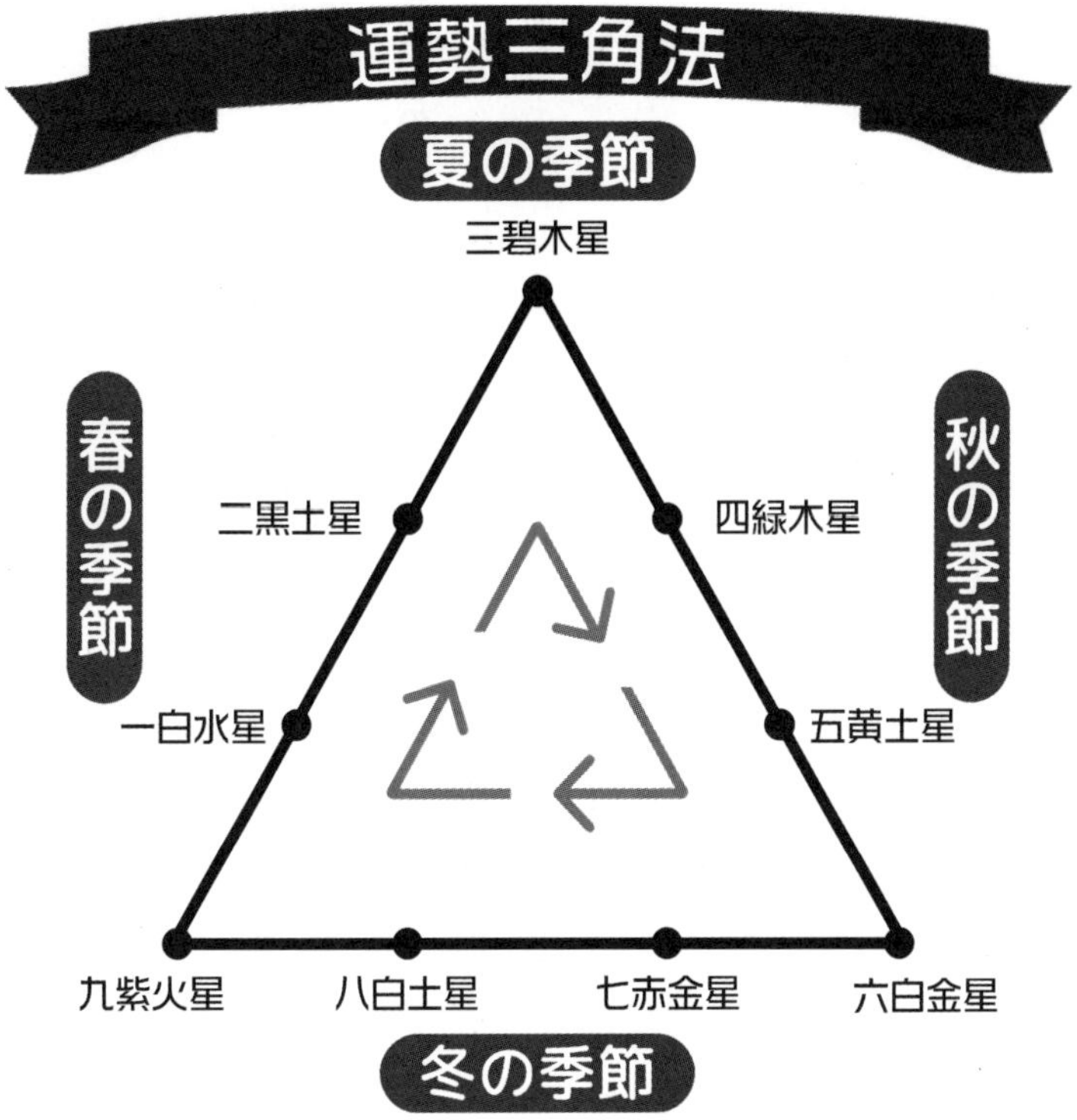
運勢三角法
夏の季節
三碧木星
春の季節
二黒土星
一白水星
秋の季節
四緑木星
五黄土星
九紫火星
八白土星
七赤金星
六白金星
冬の季節

いときもあればあまりよくないときもあり、すべて一定のルールで順番に動きます。

＊151頁の図表③は、2024年の星の位置です。各星を象徴するものが、その年を象徴するものだとお考えください。

5　衰退する業種と流行る業種を予測する

流行は誰がつくっているのか

その年がどの星にあたるかによって、伸びる業種や衰退する業種がわかります。

2023年は四緑木星の年でした。四緑木星の「木星」は、草花を象徴していますから、植物に関する業種が伸びる年でした。今年のNHKの朝のドラマ「らんまん」は、その意味においてピッタリのテーマでしたから、ドラマが好評であったのは、木星の年だからだったというのも大きいと思います。

それから四緑木星は「風」の星でもありますから、情報伝達、SNSなどでつながっている人たちとのご縁、そこから発信される情報で世の中が動く年でもありました。ですから企業の不祥事など、SNSを通じてどんどん出てきた年でした。ちなみに前年の2022年は五黄土星の年でしたから、「崩壊」の年でもあり、数年続いたコロナの影響で、たくさんの企業が倒産したりしました。そして四緑木星の季節は晩春から夏ですから、やっとコロナで閉塞した時代が明け、明るい展望が見えてきました。「旅行」の象もある年でしたので、たくさんの人たちが久しぶりの旅行へ出かけられたことと思います。

来年の2024年は、三碧木星の年です。四緑木星と同じく木星の年ですから、ネット関係などがますます進化していくでしょう。また、同じ木星でも、四緑の木は、草花を象徴し、三碧の木は大きい樹木を象徴しています。四緑の年に伸びた業種が、ますますスピードアップして伸びていくと考えられます。

雑誌などで、今年はこの色が流行るなどと発表されますが、これは雑誌社の人が適当に決めているわけではなく、このような根拠のもとで決めているのだろうと思います。

スパイラル状に伸びていく

もし、ご自身の会社の業種が、来年は衰退する業種であったとしても、運勢は年々変わりますから、次のチャンスの時期へ向けて、やれることはいくらでもあります。社員と一緒に方向性を考えたり、業務の見直しを図ったり、準備期間と捉え、無理な前進はしなくてもいいときなのです。

運勢のサイクルは9年で一周しますが、一周した後に、前回と同じレベルにいるようでは、上昇気流に乗れません。サイクルが一周する間に、それぞれの季節の中で意識を進化させ、9年後にはより高い位置からスタートできるよう、日々精進されることが理想です。

「いまある仕事を精一杯やっていれば、そのうち何とかなる」とだけ考えていては、進歩がありません。人は無意識に、「自分は大丈夫だ、このまま我慢していれば、不振な時期は去ってくれる」と思いがちなのですが、これまでのように高度経済成長の時代でしたら、確かに何とかなっていたかもしれません。しかしこれからは、既存の仕事や思考が淘汰されていく時代なのです。

「このままではまずいかもしれない、生き残るにはどうしたらいいか」ということを考え、常に危機意識を持っていることが重要です。時機やタイミングを見ながら、自分の会社の業種がもうダメだと思ったら、思い切って業種を変えてみる、もしくはバージョンアップするというくらいの意識改革が大切です。

運気は常に動いていますから、その流れに乗るには、去年と同じような思考をするのではなく、今年、来年と、少しずつスパイラル状に上がっていかなければいけません。

6 吉方位と凶方位

九星気学は行動学

今年は東の方角がいいとか、今月は南へ行くといいとか、その方角へ出かけるだけでいいことがあるというような話は聞いたことがあると思います。なんか怪しいな、吉方位へ行くだけで幸運が訪れるなんて、そんなことあるわけないじゃないかと思われる方も多いと思います。

確かに、占いに頼り過ぎて、今日の吉方位を調べ、目的地へ行くのに大回りをして仕事に遅刻するなんてことは論外ですが、星によってそれぞれ吉方位と凶方位があるのだということを、頭の片隅にでも置いておいてもらえれば幸いです。

九星気学は、行動学ともいわれています。動くことで風が起き、エネルギーのバランスが整うと考えられています。ずっと同じ場所で黙々と仕事をしていると、誰でも行き詰まります。そんなときはみなさん、気分転換に散歩へ行かれたり、休みを取って旅行へ行かれたりすると思います。

その気分転換というのが、実は無意識のうちに行っている方位取りでもあるのです。知らないうちに、いま自分に足りない「気」を求めて動こうとしているのです。ですからどうせ動くのならば、正しい場所へ行かれることをおすすめします。

足りないエネルギーを補うために

直感的に、あの町へ行きたい、あの山を見たい、あの温泉に入りたいなどと思ったとき、それが吉方位であることがよくあります。旅行に誘われても、なんとなく乗り気になれないようなときは、その方向が凶方位であることが多いです。

吉方位へ行くと、あるはずのない、いいアクシデントが起こります。例えばホテルをアップグレードしてもらえたとか、会うはずのない、会いたかった人に駅でばったり会うとか、限定販売のお菓子をたまたま並ばずに買えたとか、大きなことから小さなことまで、運がいいなあと思えることが起こります。

例え何も起こらなかったとしても、あなたの運勢のバランスは整ってきます。いまのあなたに足りない「気」を、その場所へ行けば補うことができるからです。ですからその場所のことを吉方位と呼ぶのです。その場所へ移動することで、チャンスやきっかけを得たり、新しいご縁ができたり、行き詰まりを解消することができ、考え方のひずみや偏りが収まってくるのです。

吉方位

「正五九参り《しょうごくまいり》」という言葉を聞かれたことはありますか？　昔から日本には、お正月と五月と九月に神仏に参詣するという習慣がありました。物事の始まりであるお正月と、田植えの五月に豊作を祈り、九月には収穫に感謝するためのお参りです。このように、時期によって神仏にお参りする習慣と同じように、人は、動くべきときには動いたほうがいいのです。

吉方位へ行くときは、例えば、四緑の方向が吉方だとすると、四緑には「細長いもの」という意味もありますから、細長い電車に乗って行き、目的地では細長い蕎麦やうどんを食べるなどして、吉方の土地で、土地の気をもらうだけではなく、身体の中にも気を取り入れることができます。

また、家族で旅行へ行くときなどは、その旅行の代金を支払われる方の吉方位を見ます。団体旅行でしたら、主催した方の吉方位を見ます。

また、吉方位というのは、厳密にいうと、年、月、日、時で刻々と変わります。ざっくりと、今年はこっちの方角がいいというのはありますが、個人個人の吉方位は違いますから、今月はこっち、来月はあっちなど、個人の星から詳しく吉方位を見ることができます。

凶方位

九星気学では、他の占術のように、今年から3年間は悪い年だから何もしてはいけないなどという解釈はありません。それは気学が方位を見て動き、開運を促すからです。

しかし、凶方位というのはありますから、そちらの方角へ引越しや旅行を控えるとか、引越しの際などには、方位取りをしてから決める方がいいかもしれません。吉方位と同じように、凶方位も日々刻々と変わっていますから、ご心配な方はご相談ください。

7　神棚は祀ったほうがいいのか

見えない力を信じる心

あなたの会社には神棚はありますか。

日本人は、初詣にでかけ、神社にお参りし、結婚式を教会で挙げ、お葬式をお寺で行う民族です。外国人からしたら不思議な習慣かもしれませんが、私はそれでよいと思っています。何かの宗教を熱心に信仰している人から見れば、不謹慎だと思われるかもしれませんが、そんな大らかな感覚の根っこに、八百万の神を信じてきた日本人のＤＮＡがあるのかもしれません。

何となく会社には神棚を祀るのが当たり前のような気がするから、くらいの感覚で、神棚をお祀りしていても、全く問題はありませんし、無いよりはあるほうがいいと思います。神棚を祀るというだけで、もうすでに見えない力を信じようとする意識があるのです。先を読む力を持つには、目に見えない力を信じることも必要です。

右脳で感動する

毎日、神棚の水やお神酒を替え、塩を盛る習慣があれば、それでももう、見えない力はあなたを助けてくれていると思います。山へ登って御来光を拝む、海を見て波の動きに見入る、風の匂いに季節を嗅ぎ取る、きらきら光る川面に手を入れてみたくなる、澄んだ夜空の満月に見惚れるなど、ふと、大自然のうつくしさに息をのむ瞬間がありますが、それが信仰です。

左脳派が、科学で解明してしまう現象でも、右脳派はそれに感動できますから、いくら科学が進歩しようと、感動する心だけは大切にしてください。これからの時代は、右脳を使って生きていく人の方が、時代に合っていくのだろうと思います。

特別に宗教を信仰していなくても、感動するという心があれば、いつも新鮮な気持ちでいられます。純粋に心が動けば、目に見えない力があなたにパワーをくれるでしょう。神棚があることで、目には見えないものがそこに宿っているような気持ちになりますから、それを信じられる方は、ぜひ神棚を祀ってみるといいかもしれません。

神社へ行ってみる

私はよく、経営者さんが悩んでいるときに、神社へ行くことをすすめています。

素直な方はすぐに行かれるのですが、「俺はそういうのは好きじゃない」という方もいらっしゃいます。困ったときの神頼みといいますが、目には見えないものを信じようと思っている方は、神社に行ったことで心持ちが変わり、仕事がうまくいったりします。信じない方は、自分の力だけで何とかしようと思われるので、結果、行き詰ってどうしようもなくなったりします。

神社には、木々があります。静けさがあります。そして、「整った空気の中で、何か感じ入るものがあれば、特定の信仰などなくてもいい」のです。これが重要なのです。そして、信じるか信じないかは別にしても、ご自分の後ろに、ご先祖さまを感じることができるか、感謝ができるか、それが大切です。穏やかな心を取り戻すことができたなら、すべてはよい方向へ進んでいきます。

神社の木漏れ日の中にたたずみ、神社の波長に合わせることができたならば最高です。

「ああ、この神社は気持ちがいいなあ」と思われたり、「なんかここは合わないなあ」と思う場所もあるかもしれません。人は無意識に波動を出していますから、その場所の持つ波動と、合う、合わないはあるのです。

ただ、神社に行ってみようと思える素直さが、あなたの未来を明るくするのです。神社が、とか、神様が、とかではなく、そこへ行くあなたが尊いのです。ご自分に合う神社を見つけられるといいと思っています。

8　風水的アドバイス

ラッキーカラーを知る

ラッキーカラーというのは、吉方位と同じく、いまのあなたに足りない、もしくはもっと強化したほうがいいエネルギーを増やすための色のことです。

たかが色ではないかと思われるかもしれませんが、世界はさまざまな色で構成されています。色というのは、光の反射のことです。光は電磁波の一種ですから、波長によって色が変わります。色とは波長のことでもありますから、いい波長を受けるために、あなたに合った色、すなわちラッキーカラーと呼ばれるものがあるのです。

視野に入る色によって、人の心身に、さまざまな影響があることは科学で解明されています。みなさん何となく、好きな色、嫌いな色があるのではないかと思います。例えばご自身の会社のロゴや看板をつくるときなど、色にこだわられたのではないでしょうか。直感的な方は、九星気学のことを知らなくても、不思議とご自分の星の色のものを身につけていたりします。

そんな「色」を大切にし、心身のエネルギーを整えることに使うというのは、理にかなったことでもあります。緑の山の中に入ると安らぎを覚えたり、青い海を見てさわやかな気持ちになったりするように、色には人の気持ちを整えてくれる作用があります。

私は、クライアントである経営者さんたちに、今年の色だけではなく、今月の色は何色ですよ、とお教えしていますが、みなさん毎月新しい色の服を買われたりするわけではなく、何となく意識はされているようです。

私がお教えするラッキーカラーの色のペンを毎月買っている経営者さんがいらっしゃるのですが、普段使わないような紫や緑のペンで思考ノートを書いていらっしゃって、その時々に気分が変わるからいいとおっしゃっています。ご自分の思考が客観的に見えるから、新しい発想が出てくることが楽しいのだそうです。このように、素直にアドバイスを聞いて面白がってくださる心の余裕が、ますます会社の発展につながるのだと思います。

掃除を好きになる

例えばコンビニでトイレを借りたとき、トイレが汚いとがっかりしませんか。コンビニでトイレを借りるときは、必ず何か商品を買うものですから、どうせ何かを買うならば、トイレがきれいなコンビニに寄ろうと思うのが人の心理です。同じように、どんなに料理が美味しいレストランでも、トイレの汚いレストランには、もう行きたくないと思ってしまうものです。

成功している経営者さんの中には、自らトイレ掃除を行うという方もいらっしゃいます。私の経験では、社内の掃除がいつも行き届いている会社は、業績が良いように思います。風水では、ゴミやホコリを邪気と呼びます。邪気があると、いい運気が入ってこないので、家も会社も衰退していくと考えられています。

例えば神社やお寺など、拭き清められ、掃き清められた空間は、人の気持ちを清らかにしてくれます。拭き清める、掃き清めるという言葉があるくらいですから、掃除をするというのは、場を清める、人の気持ちを清めるという意味になります。

会社の掃除をしてくれるのは清掃業者さんかもしれませんが、社員自らが、せめて机の周りやトイレなど、日々使う場所を掃除することはとてもいいことです。経営者さんも自ら、会社の玄関を掃き清めたり、会議室の机を拭き清めたり、経営者、社員が一丸となって、社内の美化に努められてはいかがでしょうか。場所を清めると心も清まりますから、いい運気を迎え入れるためにも、まずは掃除を仕事の基本の中に取り入れてみてください。

9 生まれてきた意味を知る

星を選んで生まれてくる

九星気学でご自分の星を求めたり、吉方位を求めたり、ラッキーカラーを身につけたり、会社を掃除したり、すべては会社の成長のためになりますが、会社が成長するための一番の近道は、人間が成長することです。人が成長すると、成長の度合いに合った人間関係がつくられ、仕事が回ってくるようになります。

人はそれぞれ、違うものを持って生まれてきます。ここでご紹介した九星気学では、簡単に９つのタイプに分けていますが、すべての人をそれだけで分けられるわけではありません。ただ、生まれてくるときに、自分はどの星の元に生まれ、どのような特質を持ち、どのような人生を送り、どのような社会貢献をするか、生まれ落ちる前に決めているという考え方があります。

この世に目的を持って生まれてくるので、自分の魂が成長できるような環境に生まれるのだという考えです。

人に何かを与えるために

そのような考え方ができるようになると、自分が生まれてきた意味がわかります。基本的に人は、何かを手に入れるために生まれてきたのではなく、人に何かを与えるために生まれてくるのです。ですからすべての悩みが、魂の成長のために仕組まれた悩みだと思えると、それを解決することにより、魂は少しずつ成長し、やがて自分の目的がわかるようになるのです。

世の中を変えるような、壮大な目的ではなくてもいいのです。では、どうすればいいのか？　まずは自分の回りの人を幸せにすることです。それだけのことができない方がたくさんいらっしゃいます。縁があって家族になっているので、そして縁があって社員になっているのですから、ご自分の縁のある方すべてを幸せにすることからはじめるのが、あなたの目的です。

怒らない人になる

あなたは家族を幸せにしていますか。

社員を幸せにしていますか。

それができたその先に、はじめて社会貢献ができるのです。せっかくの人生を、小さな悩みでいっぱいにしていませんか。人を幸せにする、ただそれだけの目標があれば、小さな悩みなどどうでもよくなります。とはいっても、そんな小さな悩みを1つひとつ丁寧に解決していくことで、魂が成長していくのも事実ですから、そんな悩みをすぐに忘れてくださいとはいいません。

頑固な自分に嫌気がさしたとしても、それはそんな性質の星に生まれているのだからしょうがないと捉え、その性質を少しでも改善し、怒らない人間になっていければいいのです。ご自分の星を知るということは、スタート地点を知るということでもあります。そのスタート地点から、障害物競走という人生がはじまるのです。

魂の成長のために

それらはすべて、魂の成長のために、ご自分で仕組んだ困難なのだと思い出せれば、すべての困難すら有り難く思えてくるでしょう。あなたが生まれてきた意味は、魂を成長させることなのです。

まずそのことに気づければ、あなたを悩ませるすべてのことが、あなたのために起きていることだとわかるでしょう。

第7章　経営は壮大な芸術

1　絆を大切にする時代へ

絆の意味

これからの時代は、いくら稼ぐかではなく、どれだけの人を幸せにできるか、という方向性でビジネスを展開する時代です。だからといって、上辺だけ、人の幸せを考えていますといい、裏で儲けのことを考えているようでは、すぐに正体が知れてしまいます。

昔から、偉大な経営者というのは真の人格者であったように、時代が変わっても、それは変わりません。偉大な先人たちは、未来を見通すことができたので、未来になったいま、偉大な先人たちが実践していたことを、どんな小さな会社の経営者でも真似していくべきだと思います。

社員を大切にする。社員を伸ばす。社員を愛する。偉大な先人たちは、社員との関係性を大切にしながら、結果として業績を伸ばしてきました。しかしはじめから業績を伸ばすためだけに社員を大切にしていたわけではありません。まずは社員との絆ありきです。

ところで絆という言葉は、もともとはいい意味の言葉ではありませんでした。元来、馬や犬など動物をつなぎ止める綱のことを絆と呼んでいたそうです。それがいつの間にか、人と人をつなぎ止めるもの、その結び付きのことを絆と呼ぶようになり、特に3・11以降は、絆という言葉の意味合いが全く変わりました。いまでは人とのよい結び付きのことを絆と呼んでいます。

愛を持つ

どんなにいい商品をつくっても、どんなにいいシステムをつくっても、どんなにＡＩが発達しても、そこには人が介入しています。商品もシステムもＡＩも、いくら優れたものであろうが、それ自体が愛を持っているわけではありません。愛をもってそれを使うのは人なのです。

これからますます発展してくるものがＡＩだと思いますが、ＡＩとは、アーティフィシャル・インテリジェンス、人工的な知性です。これからは、ＡＩが、どんどん人に替って仕事をするような時代になると思いますが、人工的な知性を、自分の知性と勘違いしないことが必要です。

人が主役

ＡＩとは違い、人間の知性には限界があるかもしれません。しかし、限界を超えようと努力することで、人は進歩していくのです。ＡＩの進歩は、人々の知的欲望を満たしてくれるかもしれませんが、欲望を満たしてもらったところで、自分の知性ではないことに気づいたとき、人は愕然とします。あくまでＡＩは、時間を短縮するためのツールとして、人の代わりに24時間働いてくれるツールとして利用し、ＡＩにはできないことを探すのが、これからのビジネスチャンスかもしれません。

ＡＩとの共存、それはすなわち、人間としての能力が必要になります。ＡＩができることを人間がしていても敵いませんから、人間力を鍛えることでしか共存の道はありません。どんなに人工知能が台頭してきても、この世では人が主役であることを忘れてはいけません。

2 タイミングを読む

自分の運気を知る意外な方法

どんなに素晴らしい人材を投入しても、どんなに優れた商品を発売しようとしても、タイミングが合わないと、もったいない使い方になります。この世はいつも動いていますから、時期尚早、機会損失となることがよくあります。

時代の流れを読むだけではなく、ご自分の運気との兼ね合いも見て動くことも大切です。エネルギーを蓄積しておいたほうがいい時期に積極的に動いてしまうと、時期尚早となります。運気が上がっているときに、二の足を踏んでいると、機会損失となります。無駄のない戦略を立てるには、タイミングを読むことが最も大切です。日々、アンテナを立てておくことで、世の中の流れを知ることができますが、自分の運気を知るには、占いなどで見るほかにも、意外な方法があります。

例えば、ふと見る時計の数字に注目してください。できればデジタルの時計、携帯の画面などで見られるといいです。五時五十五分、三時三十三分など、同じ数字が並んでいる、いわゆるゾロ目をよく見るようになると、運気が上がりつつあるときだと考えられます。

それから経営者さんの中には、満員電車に乗って、たまたま立っていた前の人がすぐに降りて座れることが続くとか、車を運転していて信号に差しかかるたびに信号が青に変わるといったことが続くと、運気が上がっていると考える方もいらっしゃいます。

このように、目には見えないものを信じる素直な力があれば、ある程度はご自分の運気を知ることができるのです。

自分の行動パターンを知る

日記でもメモでもいいのですが、日々のご自分の行動と、ビジネスシーンで起きたことなどを、簡単でいいので書き留めておくと、自分がどのような行動を取っているときに、どんなことが起きているか見返すことができます。人には必ず行動パターンというものがあり、例えば、なぜかいつも春になると訪れているお店があるとか、夏になるといつも何を食べているとか、そして、同時にどんなことが起きているのかなど、それを見返すことで、ご自分の動きを知ることができます。

よく、ＳＦ映画などで、運命の分かれ道となった日に戻り、別の道を選んで生きるというような主題の映画がありますが、現在から過去を見直すと、そこが分岐点であったことや、チャンスを逃してしまったことなどに気づけることがあります。自分の過去が日記などによって記されていると、どんなときに新しいことをしているか、どんなときに勝負に出ているか、見返すことができますので、いまが同じようなときに近づいているとか、あのときと同じ心境になっているなどということで、タイミングを計ることもできます。

過去にご自身が通ってきた道は、未来の自分の道を示してくれる道でもありますから、ご自身をよく知ることで、チャンスを掴むタイミングが直感的にわかるようにもなります。わからないときは、占いなどにアドバイスをもらい、パターンを分析されてみてもいいかもしれません。

3　大きな運の流れを掴む

数珠つなぎの運

大きな運を掴みたいと念じているだけでは、チャンスの神様の前髪を掴むことはできません。運というのは数珠つなぎになっていますから、小さい運が続くようになってくると、チャンスの大波がやってくるのです。その運を掴むには、やはり日ごろからご自分の状態を知っておくこと、そして、ここだというときに決断できる判断力と決断力が必要になります。

日々の忙しさの中で、どうしても目の前のことばかりに必死になっていると、大局を見ることがおろそかになってきます。運というのは、わかりやすくいうと上空を流れる上昇気流のようなものなので、地面だけを見ているのではなく、天を仰ぐように深呼吸をすることも大事です。日々の仕事を黙々とこなしながら、時々空を見上げてみる。ふたつの視点を常に持っておくことが大事です。

例えば、駅のホームで、電車がくるのを待ちながらパソコンで仕事をしている姿を想像してください。目の前の仕事に没頭しながらも、乗りたい電車がくるのを見逃してはいけない。同時にそれを行うには、目の前の仕事への集中力と、ホームに入ってくるどの電車に乗ればいいのか見極める直観力が必要です。あ、電車が来た、というだけの条件反射ではなく、今きた電車のあとの電車のほうが早く目的地に着くだろうと瞬時に見極め、次の電車がくるまでの間にまた仕事に集中する、そのようなイメージです。

黙々と仕事に向かう力と、ホームに入ってくる電車の情報をキャッチする力を両立しておくためには、アンテナを立てておく必要があります。流れている運を掴まえるには、感度の高いアンテナを立てておくこと、運は、都会の電車のように数珠つなぎでやってくることを知っておくといいと思います。

常に準備万端でいること

そして、大きな運がやってきたときに、あなたは何を抱えて運の波に乗りますか。常に実現したい新しいプロジェクトが手元にありますか。せっかくの運気がやってきたときに、何も持っていなければ、ただ日常でいいことがいっぱいあるなあくらいで終わってしまいます。常に、次の夢を抱えておき、その準備をしておくことが大事です。

普段から、実現したい夢をたくさん描いておき、頭の中で考えているだけではなく、いつでもそれをスタートさせることができるよう準備万端にしておきましょう。イメージとしては、たくさんの新車や飛行機を準備して、あとはエンジンを搭載するだけの状態にしておく感じです。大きな運がきたときに、エンジンは手に入ります。せっかくエンジンが手に入っても、それを搭載する車や飛行機がないと、走ったり飛ぶことができません。どうせ駄目だからと諦めずに、常に壮大な夢を描き、準備万端にしていてください。

運がいい人のそばにいる

この人は運に恵まれている人だなあと、友人知人を見ていて思うことがあると思います。そんな人のそばにいることで、まるで運が伝染するかのように、運が回ってくることがあります。それは、その方の運のお裾分けである場合もありますが、基本的には、運がいいといわれている人の考え方や習慣を参考にすることで、運を引き寄せる体質になるからだと思います。

何事にもポジティブで、決して諦めず、いつも笑顔で、人に優しく、自分軸を持っているなど、そんな素直で大らかな姿勢が、運を引き寄せているのです。人の運をもらおうと思わずに、運のいい人のそばにいて、その方の人柄、考え方、姿勢を学んでみてください。

4　成功者ほど、「運」を味方にしている

実るほど頭を垂れる

成功している経営者ほど、謙虚で腰が低いものです。時代は変わっても、これだけは変わりませ

ん。たくさん実り、たくさんの収穫を人に与えられる人は、口癖のように「私は運がいい」とおっしゃっています。

人はどうしても、立場が偉くなるほどに、威張ったり自慢したくなるものです。しかし、威張る、自慢するというのは、承認欲求です。承認欲求は誰にでもありますが、その欲を超えてこそ、成功する経営者となれるのです。承認欲求を満たすための経営をされているのだとしたら、ゴールはただ、人に自慢をすることですから、稲穂は実りません。稲穂が実らなければ頭を垂れることはできませんし、人に収穫を与えようという目的がなければ、稲にもなれません。

どのような人が蒔いた種からも、芽が出て花が咲きますが、風に吹かれてふらふらしているだけで、一瞬はきれいな花に人も注目するでしょうが、華麗な花を咲かせることだけが目的であるならば、やがて花は枯れ、切り取られて終わってしまいます。欲望に囚われているうちは、本当の運は回ってきませんから、社会に貢献できる経営者としての自覚をもち、本物の運を手に入れてください。

運が味方につく人

ある経営者さんが、ある朝、車で出勤しているとき、なんか視界がおかしいなあと思いながらも、仕事に遅れるからとそのまま車を運転していたそうです。ちょうど大きな病院の前を通りかかったときに信号が赤になり、ブレーキをかける足にあまり力が入らなくて、あ、これは、病院に行かなければいけないと、経営者さんはそのままその病院へ行き、駐車場に車を停め、今日は仕事を休みますと社員に連絡をし、すぐに検査をしてもらったそうです。すると、頭蓋内血腫であることがわかり、そのまま緊急手術をすることになりました。

運が味方について、病院の前の信号を赤にしてくれたのだと、その方はおっしゃっていました。さまざまな困難や挫折を乗り越えながら、その都度、それらの試練に感謝している方です。前向きで思いやりがあり、気さくでユーモアがあり、「私は運がいいんですよ」というのがその方の口癖です。

感謝を運に変える人

幸いにして発見が早かったことで、その方はなにも後遺症が出ることもなく、1週間で退院することができました。そして、なんとその方は、退院の際、病院の駐車場に停めた自分の車を運転して帰ってきたのです。

「脳と頭蓋骨の間に、パンパンに血液が溜まっていたんですが、血を抜いたら見事にすっきりしましてね、視界も良好、思考も良好、いやあ、これから大事なプロジェクトを控えていたので、すっきりできて実に有り難かったです」

病気になったことですら感謝できる方なのです。病院から自分で車を運転して帰ってきたので、ご家族や社員からこっぴどく叱られたそうですが、社長のことを心配して叱ってくれる社員がいるなんて、それもまた本当に素晴らしいことだと思います。

「もしかしたら、すべてのことに感謝ができる人のことを、運がいい人というんじゃないですかね」

その方は、しみじみそうおっしゃられました。

5　経営者の人生哲学

会社の品格

経営者の哲学とは、会社を経営するための哲学ではなく、人として何が正しいのかと考える哲学のことです。なぜなら会社とは、経営者の哲学によって運営されていきます。経営者の哲学が、会社の方向性を生み、文化を生み、社員を育み、社会貢献へとつながっていくのです。

経営のノウハウはあっても、哲学をもたない経営者の会社は、儲かるか、儲からないかの観点から運営されていきますので、社員に無理な仕事をさせたり、ストレスを与えたり、理不尽な要求をしたり、人としての正しさのない会社になっていきます。経営者が、人としての正しさをもっていれば、会社には品格が生まれますし、その会社で働いている社員たちが、それぞれの個の幸せを追求することができます。

人としての正しさとは、人はなぜ生まれてくるのかと考えることによって、自ずとわかってきます。人は、幸せになるために生まれてきたのです。人は、人として完成するために生まれてきたのです。さらに、この世界が人間のためだけに在るのではないことを知り、植物や動物とも共存することへの意識をもち、次世代に何を伝えていけるか、何を残していけるか、生きている間に最大限、人として進化することで、人には品格が備わります。品格のある経営者の会社には、同じように品格が備わります。

自分の役目を知る

天の配剤という言葉がありますが、この世は、すべての物事が調和するように配置されています。それは人にも当てはまり、あらゆる人に役目があり、その役目に気づき、心を込めてその役目にいそしむことができれば、世界は平和になるという考え方があります。

天から生まれ落ちてきたならば、天から与えられた自分の役目に気づくことが、生きていく意味であり、なかなか見つからない役目について気づくには、いま目の前にある欲ではなく、自分の中にある夢や希望を追いかけて、一生懸命努力していくしかありません。

よくいわれることですが、「どんな仕事をするかではなく、どんな気持ちで仕事をするか」です。人それぞれに持って生まれたものが違いますから、その違う能力を伸ばし、社会のために役立てていくことが大切です。若いうちから自分の役目に気づいている人のことを天才と呼びますが、天から与えられた才能は、誰にでもあります。その才能を見つけるために、人は生きているのですし、仕事をする中で、その才能に気づけたら素晴らしいことです。

経営者という役目の中には、社員ひとりひとりの才能を見つける役目もあります。それぞれがそれぞれの役目を知り、道を究めていくことが理想です。どんな道を通ろうと、正しい心さえもっていれば、いつか正しい道に辿り着けるはずです。

哲学の位置

日本には、哲学という概念が根づいていないといわれています。これまでの日本では、ピラミッドの天辺に経済があり、お金を稼ぐ人が一番偉いようなヒエラルキーができていました。政治家や役人なども、もちろんトップに君臨しています。しかし、これからは、それらが逆転する時代なのかもしれません。天辺にあるべきものは、思想や哲学です。ただお金を稼ぐだけの人、口先だけで人々を惑わす職業の人などは、底辺にいてもいいのです。

経営者として生きていくならば、これからは哲学者のように、真理について学び、人として何が正しいのかを考えて、社員を導いていくべきです。書を読み、書を捨て、正しい目標を達成するために、経営者自ら価値観の変換を行い、希望あふれる未来へと、会社の基軸を正してみてください。

6　人と関わることの意味を知る

器を広げる

人は生きていく上で、必ず人と関わらなければいけません。相性の合う人もいれば、合わない人もいます。家族や兄妹でさえも、合う、合わないがあります。なぜ天の配剤は、自分の周りに好きな人ばかりを配置してくれないのかと嘆きたくなることもあるでしょう。

しかし、人と関わることでしか、大きくならないものがあります。それは、人間の器です。どうしても許せないと思っていた人を許せたとき、あなたの器は大きくなります。苦手な人と組んで仕事をしなければいけなくなったとき、苦手な人のいい面を見て、好きになれることもあります。

人と関わるということは、ひいては自分の器を広げるためのチャンスだと思えることが、ポジティブな思考です。やっと苦手な人と関わらなくてよくなったと思ったら、また次の苦手な人がやってきたりします。その人を、自分の器を広げるための師匠だと思えれば、随分生きていくのがラクになってきます。

どんな相手にも、礼儀をもって接することができるようになれば、自分自身の成長に気づき、嫌だ嫌だと力が入っていた身体が緩み、無駄な力を使わなくて済むようになります。人との関わりは、ご自分の器を広げるための有り難いレッスンだと思ってみてください。

自分を知る

人との関係性は、合わせ鏡だともいわれています。嫌いな人のどこが嫌いなのかと考えたとき、それは自分の嫌な面をその人が体現しているからだと気づくことがあるからです。嫌いな人の中に、自分の嫌なところが映るのです。見たくないと思っていた自分を、その人の中に見て、そこに自分の本当の姿を見ることは、とても気の滅入ることでもあります。

しかし、自分の背中を肉眼で見ることが敵わないのが人間ですから、見えないように背中のほうに回してしまった自分の嫌な面を合わせ鏡で見ることにより、嫌な面を改善したり許したりできれば、それもまた器を広げる作業です。特に経営者というものは、社員に背中を見せる職業です。どこから見られてもいいように、自分を知り、どこから見られても恥ずかしくない人間になることが、経営者として人格を高めていけるレッスンです。

自分の位置を知る

また、関係性をもつ相手のレベルが変わることがあります。これまで仲のよかった人たちと、なんの原因もなく疎遠になったり、これまで付き合ったこともないような人たちと急接近したり、まるで波が引いたり寄せたりするように、人との付き合い方は変わっていくものです。自分の魂のレベルにより、関わる人たちが変わってきます。

もしも、急に人からやっかまれたり、嫉妬されているなと感じたら、自分が成長したのだとお考えになっても大丈夫です。今まで同じ次元だったと思っていた仲間が違うステージへ向かったり、高みへといくとき、人は意識的にしろ、無意識にしろ、足を引っ張ろうとするものです。ただし、批判の声にはちゃんと耳を傾けてください。自分に原因があって人が離れていくようなときには、反省し、態度を改めてください。

人と関わるということは、すべて自分を知るためのレッスンでもあるのです。

7　天地人

天の時、地の利、人の和

「天の時は地の利に如かず、地の利は人の和に如かず」

これは、中国戦国時代の儒学者、孟子の言葉です。天が与えるチャンスも、地の利がなければ成就せず、地の利があっても人の和がなければ成就しないという意味です。孟子といえば、性善説を唱えたことでも有名ですが、どんなチャンスも、土地の利を生かすにも、まずは人の和が大切だと説いているのです。

この考え方を、戦に勝つための戦略として引用したのが上杉謙信だといわれています。上杉謙信といえば「敵に塩を送る」で有名な戦国武将ですが、実際には塩を送ったのではなく、塩を運ぶ商人たちが通る道を確保したということのようです。そのころの戦国武将たちは、戦の際、よく兵糧攻めを行っていましたが、上杉謙信は、敵の領民が困らないように、塩送りの道を止めなかったばかりか、塩の値段を吊り上げないような通達まで出していて、宿敵でもあった武田信玄とは、お互いに尊敬し合っていたという説があります。

また、上杉謙信は、九星気学の元となった「奇門遁甲《きもんとんこう》」を使っていたという説もあります。さまざまな逸話を残している武将ですが、いまでも人気なのは、彼が人を大切にしていた逸話がたくさんあるからかもしれません。

九星気学においての天地人

九星気学では、世界を構築している天と地と人を基本にして、時期とタイミングを読み解きます。中国の春秋戦国時代ごろに発生した陰陽説と五行説。それぞれ無関係に生まれた考え方が後に結合した陰陽五行思想、天には、「木・火・土・金・水」の５つの要素があり、そのそれぞれに、陰と陽があると考えます。前述しましたが、「木」の陽は「甲《きのえ》」、「木」の陰は「乙《きのと》」となり、５つの要素にそれぞれの陰陽があり、合計十種類を「十干《じっかん》」といいます。そして地は、十二支、人は、９つの星に分けています。

この天と地と人の動きを見るには、「後天定位盤《こうてんじょういばん》」というものを基本としています（図表④）。この盤を元に、それぞれの星の運勢の流れを見るのですが、真ん中に「五」が入るものが基本で、その上に、その年の星を重ねて見ていきます。占いを学んでいない方には難しいとは思いますが、参考までに「後天定位盤」をご紹介してみます。来年は三碧木星の年になりますから、三碧木星の図表⑤も一緒に載せておきます。

天と地と人によって構成されているこの世ですから、それらの動きを知ることで、ご自分が動くときの参考にされるといいかもしれません。天と地と人は、すべてが絆でつながっていて、切ることはできないのです。

〔図表④　後天定位盤〕

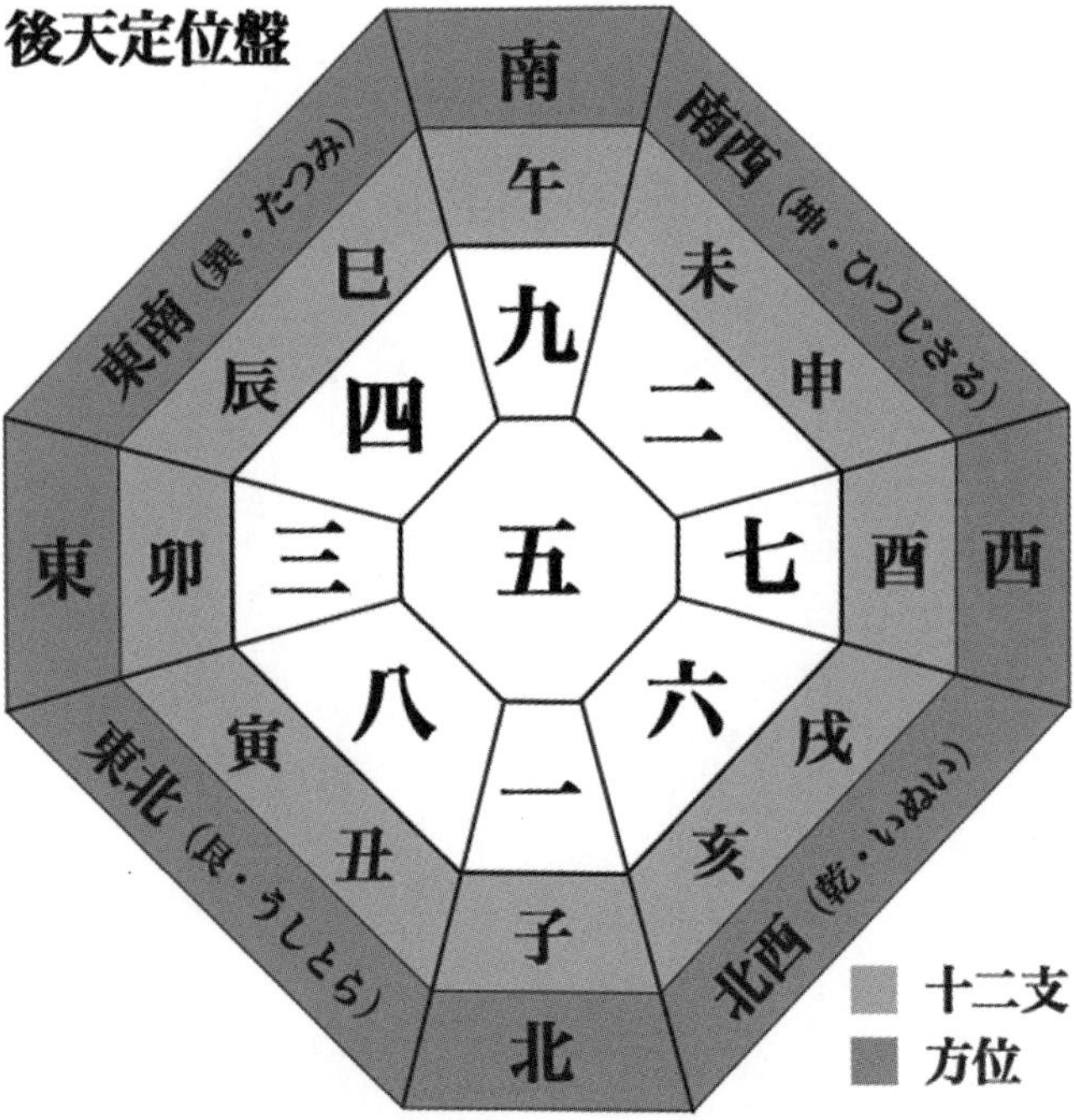
後天定位盤
南
午
南西（坤・ひつじさる）
未
申
九
四
二
東南（巽・たつみ）
巳
辰
東
卯
三
五
七
酉
西
八
六
一
寅
丑
戌
亥
東北（艮・うしとら）
北西（乾・いぬい）
子
北
十二支
方位

〔図表⑤　三碧木星〕

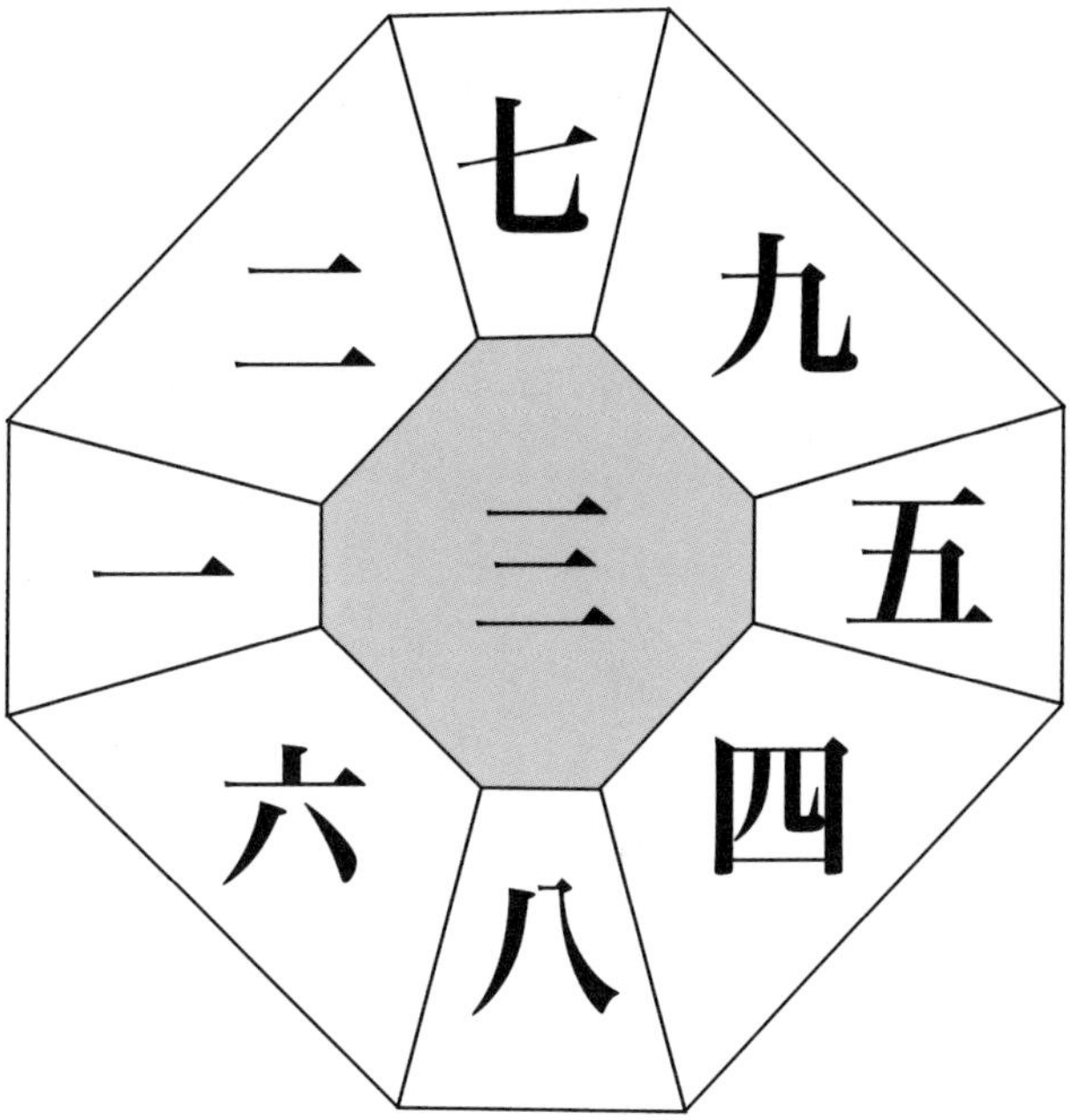

宇宙の森羅万象

森羅万象とは、この世に存在する一切のもののことです。九星気学では、9つの星が、宇宙を現しています。次のように、真ん中に入る五黄土星が、「無」にあたります。そして北に位置する一白水星は「水」。南西に位置する二黒土星は「大地」。東に位置する三碧木星は「雷」。南東に位置する四緑木星は「風」。北西に位置する六白金星は「天」。西に位置する七赤金星は「沢」。北東に位置する八白土星は「山」。南に位置する九紫火星は「火」となります。

このように、すべての星がバランスを取って宇宙を構成しているので、1人ひとりの人間はつながっていて、相互作用をしているのだと考えられます。

8　人種の違いではなく、意識レベルが違う世界

世界を分けるもの

世界中を旅したことのある人たちは、口々に、人の違いは、人種の違いではないといいます。どんな時代にも、どんな国にも、同じような価値観を持ち、同じような思考をする人たちがいます。どの国にも、思いやりのある人はいて、どの国にも、悪意を持った人はいます。実際にその国に行ったことがないのに、この国はああだこうだ、あの国はああだこうだと決めつけてしまう人がいて、あの国より自分の国の方が優れていると思いたがる人もいます。

国を構成しているのは国民です。少なからず国民性はあるとしても、実際にその国の人と知り合えば、自分の思い込みが間違っていたと気づく人もいるでしょう。

近年、インターネットの普及で、世界中の人とつながることができるようになりました。翻訳機能の向上も凄まじいので、その国の言葉ができなくとも、ビジネスをすることもできます。ＳＮＳでは世界中の同じ価値観の人とつながることができます。

これからは、人種の違いではなく、「個」の価値観で人が分かれていく時代なのです。これからの世界は、人種の違いではなく、価値観の違い、意識の違いで分けられていくでしょう。

経営者として

こんな時代に経営者として会社を営んでいくのは、大変なことだと思われるかもしれません。しかし見方を変えると、こんな時代だからこそ、経営者でいられる幸せはないと思います。

経営者として、１つの会社を率いることは、ある意味、壮大な芸術ともいえます。世界をよりよくするために自分に何ができるか、会社として何ができるか、それを考えながら、社員１人ひとりの人間性向上と幸せのために尽力する経営者という役目は、素晴らしくやりがいのあることです。

どんな仕事をするかではないのです。どのように仕事をするかなのです。目標と目的と動機、この３つを明確にするだけで、見失っていたものが見つかります。

単に売上げや利益を上げるという目標だけでなく、どのような目的で、そしてなぜなのかという動機も社員と共有していきましょう。

経営者が意識を変えるだけで、会社も変わってくるのです。意識というものは、そばにいる人にも同調してきますから、経営者がまず、意識のレベルアップ、アップデートをしてみてください。

9　究極の極意

リラックスする

経営とは芸術であるなどという、とても壮大な話になってしまいましたが、これはあくまで目標ですので、いったんここで、深呼吸されてみてください。

最後に、経営者さんがラクになれるコツをお教えします。それは、とても簡単なことなのです。究極の極意はリラックスすることです。私はよく、どうしたら運が良くなりますか、どうしたら幸せになりますかと聞かれるのですが、その際にも一言だけ、リラックスすることです、とお答えしています。

経営者さんたちは、たいてい、知らないうちに身体にも心にも頭にも力が入ってしまっています。それはすごく頑張っている証なのですが、心身共にガチガチになっているときには、運の流れも見えてこないものなのです。リラックスしてくださいといっても、どうやってリラックスすればいいのかわからないくらい、リラックスするということが、簡単なようで、日常から離れてしまっていることが多いのです。リラックスとは、力を抜いて身体をゆるめる、無になって頭を休ませ、好きな音楽を聴く、ストレッチする、ぬるめのお風呂に入る、深呼吸をする、旅行に行き気分転換するなど、ネットを検索すれば、リラックスする方法についてはいくらでも書いてあります。

リラックスという英語は動詞ですから、力を抜くことを「する」のです。最初は、仕事から離れ、意識的にリラックスできる方法をいくつか試していき、力を抜く術を身につけたら、日々、リラックスしながら仕事をできるようになると理想です。

自由に生きる

自由に生きるというのは、仕事をやめて好きなことをするという意味ではありません。心を悩ますあらゆることから自由になるということです。些細なことに悩まされない柔軟な思考と、困難にぶつかったときに視点を変えられること、すべての人が平等で尊重すべき人であることを知ること、自分が自分がという巨大化しそうになる自我を捨て、何のために生まれ、何のために自分がいまここにいるのかを知ること。今生生まれてきた魂の目的を知ること。これらができれば必然的に精神は自由になってきます。

あれもこれもしなければいけないことはたくさんあると思いますが、それらを楽しんで行えるようになると、しなければいけないことが、したいことに変わります。それが正しいことならば、何をしたって構わないのです。こういう時代だから、こういうことをしなければいけないと考えず、自分に適した仕事を一生懸命やっていく。自分の仕事は何の役にも立たないと思っていても、それが正しいことならば、いつか必ず世の中の役に立ちます。失敗を恐れず、失敗にめげず、最善を尽くし、楽しく仕事をする。どうしても楽しいと思えないのならば、スパッとやめる、後任に譲るなどしてください。経営者が楽しくないまま仕事をしても、社員たちも楽しくはありません。

自由には責任が伴っていることだけを忘れずに、自分のリズムで歩き続け、楽しい人生、楽しい仕事を謳歌してください。

薫化《くんか》

その人が、そこに存在しているだけで、その人の徳によって周りの人が感化され、いい方向へ導びかれていくことを、「薫化《くんか》」といいます。ただその人の存在がそこにいるだけで影響を与え、人々の光となるのです。

誰もがそのような人になれることが理想ですが、なかなかそうはいきません。しかし、そのような人になれるよう、徳を積む生き方をしていくことが大事です。何もしなくても、何もいわなくても、内面からにじみ出る徳の高さで人を導いていけるような人になることが、経営者として究極の理想だと思います。それは難しいことではありません。すべてのことに愛を持って生きていけばいいのです。愛を持って善きことを思い、善きことに努めることが生きていく目的ではないかと思います。

皆様の人生がさらに素晴らしいものとなりますよう、ご祈念申し上げます。

あとがき

最後までお読みいただき、ありがとうございます。

本書はさまざまな逆風を受けてめげそうになりながらも経営者として頑張っているあなたのために執筆しました。

思った以上の成果を出すための「心構え・マインド・人生哲学」など、少しでも気づきや参考になることがあれば幸いです。

「風の時代」に入り、今までと大きく切り替わる今、実にさまざまな局面や困難な状況を感じることがあるかもしれません。でもどのようなことがあろうとも、すべては自己の成長につながりますし、よい方向にしかならない（よい方向に向かっている）ということです。それをどれくらい信じてリラックスしながら、人生を楽しめるかだと思います。

会社と経営をうまく循環させていくことで得られるものや幸せを大きくしていくことは可能ですが、実際は経営を続けること、利益を上げ続けることに翻弄されていることでしょう。どうしようもなくつらいときは、誰かに相談し、外部の力を借りてください。

神仏の力や目に見えない力・エネルギーは確実にあるということはお伝えします。それをうまく取り入れ、見えない力を貸してもらいながら毎日を切り開いていかれることをおすすめします。

中国は専用の占い師をつけている企業が多いようですが、風水など目に見えない自然の力やエネルギーを使いそれをビジネスにもうまく取り入れています。最近「目に見えない自然の力や占いの力を借りるとうまくいく」と気がついた日本の経営者も少しずつ増えてきました。

中国4000年の歴史から来ている易を元にした九星気学は帝王学ともいわれ、ビジネスにも広範囲に応用できます。九星気学は出来事や時機とタイミング、人事相談・方位・社会全体の流れ・社長個人の運気・家族のこと・会社の運気・流行などあらゆることに対応できます。ビジネスチャンスを見逃さずに成功に近づくことができる運命学といえば九星気学です。世の中全体のことや、時代の風潮や会社の運気は九星気学に当てはめると不思議だけどぴったりくるものがあります。

お困り事がある場合は、ぜひ参考にしてください（または、ご連絡ください）。

本書を読んでいただいたあなたの会社が大きく飛躍することを心より願っています。ありがとうございました。

最後に気学の師である岸本邦裕先生、大村昭子先生に御礼を申し上げます。

また、本書を出版するにあたり、多大なるご指導をいただきました石川和男先生には言葉では言い表せないぐらいの深い感謝をいたします。ありがとうございます。

伊藤　翠珠

QRコード

本書をお読みいただき、誠にありがとうございました。

読者の方へ、「ビジネスチャンスシート」をプレゼントしたいと思います。

これは、何かを新しく始めるときに最も適した日を選ぶためのシートです。

ぜひ、新しいことを始めるときの参考にしてください。

以下のフォームにメールアドレスを登録していただけましたら、順次お送りさせていただきます。

著者略歴

伊藤　翠珠（いとう　すいじゅ）

神奈川県出身
20代のころから保育士として働きながら占いを学びはじめ、30代で九星気学に出合う。学習塾を経営した10年間のあと、自身の経営者としての経験と、長年学んで来た運命学や九星気学の知識を生かし、「運命覚醒コンサルタント」として、企業家・経営者専門の鑑定相談やアドバイス、コンサルタントを行っている。
https://future-green.link/

星が教える経営者の7つの心得
ーあなたが決断に迷っているときに読む本

2023年10月30日 初版発行　　2023年12月20日 第2刷発行

著　者　伊藤　翠珠　© Suiju Ito
発行人　森　　忠順
発行所　株式会社 セルバ出版
〒113-0034
東京都文京区湯島1丁目12番6号 高関ビル5B
☎ 03（5812）1178　　FAX 03（5812）1188
https://seluba.co.jp/
発　売　株式会社 三省堂書店／創英社
〒101-0051
東京都千代田区神田神保町1丁目1番地
☎ 03（3291）2295　　FAX 03（3292）7687

印刷・製本　株式会社 丸井工文社

Printed in JAPAN
ISBN978-4-86367-852-1